开放存取环境下高校图书馆发展策略

王 宁 ◎ 著

北京师范大学出版集团
BEIJING NORMAL UNIVERSITY PUBLISHING GROUP
安徽大学出版社

图书在版编目(CIP)数据

开放存取环境下高校图书馆发展策略/王宁著.
—合肥:安徽大学出版社,2012.4
ISBN 978-7-5664-0436-7

Ⅰ.①开… Ⅱ.①王… Ⅲ.①院校图书馆—
图书馆发展—研究—中国 Ⅳ.①G258.6

中国版本图书馆 CIP 数据核字(2012)第 070199 号

开放存取环境下高校图书馆发展策略　　王宁 著

出版发行:	北京师范大学出版集团
	安 徽 大 学 出 版 社
	(安徽省合肥市肥西路 3 号 邮编 230039)
	www.bnupg.com.cn
	www.ahupress.com.cn
印　　刷:	合肥现代印务有限公司
经　　销:	全国新华书店
开　　本:	170mm×240mm
印　　张:	14
字　　数:	200 千字
版　　次:	2012 年 4 月第 1 版
印　　次:	2012 年 4 月第 1 次印刷
定　　价:	29.00 元

ISBN 978-7-5664-0436-7

责任编辑:徐　建　　装帧设计:李　军　　责任印制:赵明炎

版权所有　侵权必究

反盗版、侵权举报电话:0551-5106311
外埠邮购电话:0551-5107716
本书如有印装质量问题,请与印制管理部联系调换。
印制管理部电话:0551-5106311

目 录

前　言 ·· 1

开放存取概述 ··· 1

1 开放存取环境下高校图书馆发展策略总述 ················· 7

1.1 开放存取环境下高校图书馆发展策略总体规划 ········· 7
1.1.1 背景分析 ·· 7
1.1.2 开放存取环境下高校图书馆发展的缘由 ············· 7
1.1.3 开放存取环境下高校图书馆发展的立足点 ········· 8
1.1.4 开放存取环境下高校图书馆发展策略总体规划 ········· 9

1.2 开放存取环境下高校图书馆发展策略详细阐述 ········· 12
1.2.1 成为开放存取运动的捍卫者 ································ 12
1.2.2 成为开放存取运动的赞助者 ································ 13
1.2.3 多了解开放存取，深入研究开放存取 ················· 14
1.2.4 广泛开展宣传活动，提高读者对开放存取资源的认知程度 ·· 14
1.2.5 积极参与开放存取运动 ·· 20
1.2.6 稳妥实践开放存取，努力推动开放存取 ············· 22
1.2.7 改变图书馆的服务观念，变革服务方式、服务手段，提高服务技能 ··· 52
1.2.8 开发、引进新技术 ·· 56

  1.3 总结 …………………………………………………… 58

2 开放存取对高校图书馆信息传播方式的影响及图书馆的发展策略 ………………………………………………………… 59

 2.1 图书馆信息传播方式——拉斯韦尔的5W传播模式 ……… 59
 2.2 开放存取对高校图书馆信息传播方式的影响 …………… 60
  2.2.1 开放存取运动中高校图书馆传播方式的转变 ……… 60
  2.2.2 对高校图书馆员——传播者(Who)的影响 ………… 61
  2.2.3 充分开发利用开放存取信息资源——传播内容(What) … 61
  2.2.4 对文献信息的传播技术、传播途径(With Which Channel)的影响 ……………………………………………… 62
  2.2.5 读者/受众(To Whom)既是传播者又是受众 ……… 62
  2.2.6 传播效果(With What Effects) …………………… 62
 2.3 开放存取环境下高校图书馆信息传播策略 ……………… 63

3 开放存取对高校图书馆信息资源建设与服务的影响及图书馆的对策 …………………………………………………………… 65

 3.1 开放存取对高校图书馆信息资源建设的影响 …………… 65
  3.1.1 对高校图书馆的信息资源中心地位的影响 ………… 66
  3.1.2 对高校图书馆资源建设理念的影响 ………………… 66
  3.1.3 对高校图书馆信息服务中心地位的影响 …………… 66
  3.1.4 对高校图书馆信息资源建设经费的影响 …………… 66
  3.1.5 对高校图书馆信息资源建设工作人员的影响 ……… 67
 3.2 开放存取对高校图书馆信息服务的影响 ………………… 70
  3.2.1 高校图书馆信息服务的发展现状 …………………… 70
  3.2.2 高校图书馆开放存取信息服务的优势 ……………… 71
  3.2.3 高校图书馆开放存取信息服务的可行性 …………… 72
 3.3 开放存取环境下高校图书馆信息资源建设与服务的策略 … 75
  3.3.1 开放存取环境下高校图书馆信息资源建设的途径 … 75
  3.3.2 开放存取环境下高校图书馆信息资源建设与服务策略 … 77

4 开放存取对高校图书馆电子资源的影响及图书馆的对策 …… 82

5 开放存取对高校图书馆数字参考咨询工作的影响及图书馆的对策 …… 85

5.1 开放存取对高校图书馆数字参考咨询工作的影响 …… 85
5.2 开放存取环境下高校图书馆数字参考咨询工作的发展策略 …… 87

6 开放存取对高校图书馆学术研究工作的影响及图书馆的对策 …… 90

6.1 开放存取模式对高校图书馆学术研究工作的影响 …… 90
    6.1.1 角色定位 …… 90
    6.1.2 服务理念 …… 91
    6.1.3 资源建设 …… 91
    6.1.4 馆员技能 …… 93
    6.1.5 机构功能 …… 93
    6.1.6 图书馆经费 …… 95
6.2 学术信息资源实现开放存取的可行性 …… 95
6.3 学术信息资源实现开放存取的意义 …… 97
6.4 开放存取环境下高校图书馆学术研究工作的发展策略 …… 99

7 开放存取对高校图书馆馆藏工作的影响及图书馆的发展策略 …… 104

7.1 开放存取对高校图书馆馆藏工作的影响 …… 104
    7.1.1 开放存取模式改变了馆藏工作的发展方向 …… 104
    7.1.2 开放存取环境下馆藏工作的意义 …… 106
    7.1.3 开放存取环境下对馆藏工作的研究现状 …… 106
    7.1.4 开放存取环境下馆藏工作的发展模式 …… 107
7.2 开放存取环境下高校图书馆馆藏工作的发展策略 …… 109

8 我国开放存取研究综述 …… 114

8.1 基础理论研究 …… 114
8.2 对国外研究的介绍 …… 115

8.3 模式研究 …………………………………………………… 115
8.4 资源类型及获取策略 ………………………………………… 116
8.5 存在的问题 …………………………………………………… 117
8.6 产生的影响 …………………………………………………… 118
8.7 版权研究 ……………………………………………………… 119

9 附录 …………………………………………………………… 120

9.1 重要的开放存取出版商 ……………………………………… 120
    9.1.1 BioMed Central(生物医学中心,简称 BMC) ………… 120
    9.1.2 Public Library of Science(科学公共图书馆,简称 PLoS) … 120
    9.1.3 HighWire Press …………………………………………… 121
9.2 国内外开放存取资源介绍 …………………………………… 121
    9.2.1 国外开放存取资源介绍 ………………………………… 121
    9.2.2 国内开放存取资源介绍 ………………………………… 123
9.3 国内外重要机构对信息资源开放存取的态度 ……………… 125
    9.3.1 国际组织对信息资源开放存取的态度 ………………… 125
    9.3.2 IFLA 对信息资源开放存取的贡献 …………………… 129
9.4 部分国家制定的相关开放存取政策 ………………………… 134
    9.4.1 美国 ……………………………………………………… 134
    9.4.2 英国 ……………………………………………………… 135
    9.4.3 中国 ……………………………………………………… 136
    9.4.4 印度 ……………………………………………………… 137
9.5 各界对信息资源开放存取的观点 …………………………… 138
    9.5.1 商业出版商 ……………………………………………… 138
    9.5.2 学会和其他非营利性出版商 …………………………… 139
    9.5.3 图书馆学会和图书馆员 ………………………………… 139
    9.5.4 研究人员、研究机构和投资者 ………………………… 140
    9.5.5 开放存取模式的未来 …………………………………… 141

9.6 开放存取资源搜索引擎、网站及主要开放存取库 …………… 142
  9.6.1 开放存取资源搜索引擎 ………………………………… 142
  9.6.2 开放存取库登记网站 …………………………………… 142
  9.6.3 主要开放存取库 ………………………………………… 143
  9.6.4 开放存取学术资源利用平台简介 ……………………… 144
  9.6.5 国内外开放存取免费资源的网址 ……………………… 148
  9.6.6 国内外开放存取资源及大学 OA 仓储表 ……………… 152
9.7 开放存取相关利益方介绍 …………………………………… 154
  9.7.1 政府机构 ………………………………………………… 154
  9.7.2 图书馆界 ………………………………………………… 155
  9.7.3 学术界 …………………………………………………… 157
  9.7.4 出版商 …………………………………………………… 160
9.8 河北工程大学图书馆开放存取资源介绍 …………………… 163
9.9 安徽工程科技学院图书馆开通使用 Socolar 开放
    存取资源一站式检索平台 …………………………………… 166
9.10 安徽大学图书馆网络开放资源 ……………………………… 167
  9.10.1 综合部分 ……………………………………………… 167
  9.10.2 社会科学部分 ………………………………………… 172
  9.10.3 自然科学部分 ………………………………………… 173
9.11 安徽大学图书馆、中国科学技术大学图书馆等网络免费开放
    资源、OALIB 开放存取图书馆、Socol@r 资源一站式检索
    服务平台 ……………………………………………………… 179
9.12 厦门大学机构仓储 …………………………………………… 185
  9.12.1 厦门大学机构仓储的建设模式 ……………………… 185
  9.12.2 厦门大学机构仓储资源开放共享的模式 …………… 186
10 参考文献 …………………………………………………………… 188

前 言

一

目前,全球学术界最关注的话题之一莫过于"开放存取"(Open Access,简称 OA)。为促进学术信息交流,缩短由于经济实力差距所造成的信息鸿沟,各国政府纷纷采取措施,大力支持开放存取运动(Open Access Movements,简称 OAM)。

"开放存取"(OA)是在网络环境下发展起来的一种学术信息共享的自由理念和出版机制,是学术论文"出版付费,阅读免费"的一种全新传播模式。开放存取运动(OAM)兴起于 20 世纪 90 年代,最初发源于美国和欧洲,继而扩展到许多国家。它从一开始就受到了科技界、出版界和图书馆界的关注。网络出版技术的发展也为开放存取机制的实现提供了技术支撑。

开放存取是基于网络环境的新型学术信息交流理念和信息资源的共享模式,是国际学术界、出版界、图书情报界为了推动科研成果利用互联网自由传播而开展的运动。任何人可以在任何地点、任何时间不受经济状况的影响而平等免费地获取和使用学术成果。其目的是为打破商业出版者对学术信息的垄断和暴利经营,促进科学及人文信息的广泛交流,促进利用互联网进行科学交流与出版,提升科学研究的公共利用程度、保障科学信息的长期保存,提高科学研究的效率。开放存取形式可以实现全球范围内学术信息被广泛而迅速地获取,改变不同地区、不同国家获取信息的不平等性,对世界各国有效地利用人类的科技文化遗产和科技成果具有重要的意义。

二

开放存取运动一经产生,就在国际上引起了科研机构、科研资助机构、出版界、图书馆界乃至政府决策者越来越多的关注,并积极寻求发展策略。开放存取模式在不同国家、地区的发展进度不一样。目前,美国、英国、欧盟等发达国家的开放存取运动发展迅速。英、美一些发达国家的政府和科研机构积极倡导将由公共资金支持的科研项目的成果加入开放存取计划,以供全社会共享和免费利用,甚至还制定了一些相应的政策来加以保护。现在国外很多图书馆已积极参与到开放存取活动之中,比如瑞典伦德大学图书馆、美国斯坦福大学图书馆等。尤其是瑞典隆德大学(Lund University,Sweden)图书馆在这方面做出了一个很好的表率。他们建立了本校自归档电子典藏——LU:Research,出版发行了一种新的开放访问期刊——Lund Virtual Medical Journal,并建立了一个开放访问期刊目录站点——Directory Open Access Journal(DOAJ),该目录目前收集、整理了网上免费的可获取全文的、高质量的开放访问期刊2 580多种,已成为开放访问运动中最有影响的热门网站之一。目前,许多国家对开放存取的发展目标已经明确,并付诸实际行动。已有上千种开放期刊和数百个开放仓储提供给公众免费使用,多个国家项目也正在建设实施中。

而在国内,开放存取模式一经推出,立刻得到了学术界、出版界、图书情报界的热烈欢迎。《图书情报工作》和《数字图书馆论坛》等刊物还开辟专栏探讨开放存取问题。开放存取模式利用互联网整合全人类的科学与文化成果,为所有的研究者和网络使用者提供一个免费、开放的研究环境,其提倡的学术信息共享理念和出版机制已经得到众多学者的认可。开放存取给图书馆带来了新的机遇,也提出了新的挑战。但目前国内图书馆界对开放存取的认识还处于初步阶段,图书馆界如何融入到开放存取运动之中,如何改变传统的服务方式以适应新形势下的发展,还需要我们去深入探讨和实践。

三

开放存取模式已经得到国际学术界的广泛关注,中国学术界也密切关注这一全新的学术交流模式,并积极参与实践。作为高校办学的三大支柱之一,承担为教学和科研提供信息服务任务的高校图书馆,也积极参与了开放存取运动,成为这一运动的支持者、宣传者、利用者,并努力将开放存取这一模式变为扩充图书馆虚拟馆藏资源的有效方式。开放存取运动正在我国高校图书馆呈现快速发展的趋势。

从理论层面来看,开放存取的信息资源共享模式适用于各类图书馆,对开放存取进行研究可以丰富图书馆学理论;从实践意义上讲,开放存取模式极大地触动了图书馆界的事业发展理念,为高校图书馆改进工作方式提供了参考依据,同时也给高校图书馆开放获取信息资源带来了希望与机遇。笔者希望通过这本书的研究和探讨,能为高校图书馆的"开放存取之路"开辟新的途径,引导高校图书馆的开放存取运动快速、高效、健康地向前发展!

我们学院的图书馆规模小,经费有限,无论是纸质图书还是电子资源都很匮乏。希望能在这本书的影响下,尽快和其他高等院校一起,共建安徽省开放存取网络共享资源平台,为我院图书馆信息资源建设开辟新的途径。

本书的宗旨是用丰富的理论知识来指导开放存取活动的新实践。

本书的特色:理论阐述全面细致;图表罗列简单明了;数据搜集翔实准确;实例举证真实完整。

希望高校图书馆的工作人员能在本书的启发下,从事开放存取的新实践,实现图书馆在开放存取运动中的新发展。我们将共同期待着开放存取运动在高校图书馆的新发展。

本书经过三年的研究,终于问世了。由于作者水平有限,书中的某些观点、论据难免有疏漏、偏颇之处,请各位学者、同行给于批评和指正,以便本人在今后的学习和实践中加以改正。

王　宁

2011 年 12 月于合肥

开放存取概述

一、"开放存取"的含义与特点

(一)开放存取的含义

"开放存取"(Open Access,简称 OA)又称为"公开获取"或"开放获取",是近年才出现的一个新词。目前,学术界对"开放存取"的理解尚不统一,一般是根据《布达佩斯宣言》(2002 年 2 月 14 日正式发布)的相关表述来理解。该宣言认为"开放存取"是一种通过互联网免费获取学术资源的方法。"开放存取"文献,意味着它在公共网络中可以被免费获取,并允许任何用户阅读、下载、复制、传播、打印、搜索,以及作其他任何的合法用途,除了保持作品的完整性外,没有经济、法律或技术的限制(不包括商业、法律、技术贸易壁垒方面的应用)。"开放存取"是相对于传统的基于订阅的出版模式而言的,其目的是通过网络条件实现学术信息的广泛传播和共享,使任何人在任何时间、任何地点、不受经济状况的影响、平等、免费地获取和使用学术成果,以促进科学信息的广泛交流,提高科研成果的产出率,促进人类文化的发展。目前,发达国家,如美国、英国、欧盟等,开放存取运动发展比较快,现已有上千种开放期刊和 400 多个开放仓储提供给公众免费使用。在中国,开放存取运动还处于初步发展阶段。比较典型的开放存取网站有:中国预印本服务系统、中国科技论文在线、奇迹文库、香港科技大学 OA 机构知识库及 ArXiv.org 中国镜像等。[1]

开放存取是一种全新的学术出版与交流模式,是一种学术信息共享的自由理念与机制,它是学术界、出版界、图书情报界为打破商业出版者对学术信息的垄断与暴利,促进学术信息的广泛交流与共享而开展的一种运动。在这种出版模式下,任何人可以在任何时间、任何地方,通过互联网平等、免费地获取和使用学术成果。它打破了学术信息获取的价格障碍和使用权限障碍,使学术信息能更快速、便捷地传播和利用。

(二)开放存取的特点

一是作者拥有原始版权。开放存取模式的兴起与自由传播科研成果运动有着直接的关系,而科研成果自由传播运动则反对将作品复制权从作者转移给出版商。在开放存取的环境下,保留了作者对其作品的原始版权。由作者而不是出版商来保留版权,允许用户不受限制地阅读、下载、复制、共享等。二是学术信息交流方便快捷。在开放存取出版模式下,可以实现作者、读者、编辑之间一对一、一对多、多对多的交流方式。科研人员可以通过网络自由发布、及时修改自己的研究成果,并和同行进行沟通交流,以减少传统出版模式中的中间环节所花费的时间和人力、物力,提高学术交流的时效性,增大文献处理的自动化程度,缩短出版周期,使学术信息的交流变得方便快捷[2]。

二、开放存取的实现途径

开放存取依据文献类型不同,主要有两种实现途径:开放存取期刊(OA journals)和开放存取仓储(OA Repositories)。开放存取期刊

---

[1] Stevan Harnad. Comparing the Impact of Open Access (OA) vs. Non-OA Articles in the Same Journals. D-Lib Magazine,2006(6).

[2] 李武、刘兹恒.一种全新的学术出版模式:开放存取出版模式探析.中国图书馆学报,2004(6).

被称为"金色道路"(Gold Road),开放存取仓储被称为"绿色道路"(Green Road)。开放存取活动的发展为重建以科研人员为中心的学术交流体系发挥了重要的作用。

(一)开放存取期刊(Open Access journals)

OA期刊以网络电子期刊为主,既可以是新创办的电子版期刊,也可以是由传统印刷版期刊转变而来。OA期刊采用作者(或机构)付费出版,读者免费使用的运行模式。它与传统期刊一样,对提交的论文实行严格的同行评审制度,从而保证了期刊的质量。它们的区别在于访问方式和访问权限的差异。利用传统期刊采用的是用户付费的商业模式,而OA期刊采用的是作者付费、用户免费使用的模式,用户可以通过网络不受限制地访问期刊全文。OA期刊出版费用要大大低于传统期刊。OA期刊由于形式所限,主要收录学术论文;在格式方面,主要是DPF格式;在媒体方面,OA期刊存储的是文本型资源。

(二)开放存取仓储(Open Access Repositories)

OA仓储是指某组织将用于共享的学术信息存放于服务器中供用户免费访问和使用的方式。OA仓储主要有两种类型:一种是由机构创建的机构知识库,另一种是按学科创建的学科知识库。OA仓储不仅可以存放学术论文,还可以存放其他各种学术研究资料,包括实验数据和技术报告,如预印本、技术报告、会议记录、原始资料、课程资料等。OA仓储一般不实施内容方面的实质评审工作,只要求作者提交的论文基于某一特定的标准格式(如Word文档或PDF文件),并符合一定的学术规范,强调"自我管理"原则即可。OA仓储费用较之OA期刊更加低廉,其运行费用主要依靠相关机构的赞助。它对作者提供免费存储服务,用户可以免费在库中检索和下载文章,也可以对文章发表自己的看法。在媒体方面,OA仓储除了提供文本型资源外,还可以存储视频、音频等多媒体形式的资源。

(三)其他实现方式

开放存取除了以上两种主要实现方式外,还有其他的实现方式,如个人网站(Personal Websites)、博客(Blog)、电子图书(Ebooks)、邮件列表服务(Listserves)、论坛(Discussion Forums)、P to P 文件共享网络(File-sharing Networks)等。随着开放存取理念为更多的人所了解和接受,以及相关信息技术的日益发展成熟,相信还会有更多的开放存取实现方式出现;而且,同一开放存取资源的提供主体可能采取1种乃至多种开放存取实现方式。

三、几种代表性的学术开放存取资源

▲ DOAJ 期刊(http://www.doaj.org/):DOAJ(Directory of OAJ)是由瑞典 Lund 大学图书馆(LundUniversityLibraries)与 SPARC(The Scholarly Publishing and Academic Resources Coalition)联合创建于2003年5月。最初仅收录350种期刊。截至2011年9月,收录的开放存取期刊超过7 100种、文章7万多篇。该系统收录的均为学术性、研究性期刊,一般都是经过同行专家评审,或者有编辑进行质量控制的期刊,具有免费、全文、高质量的特点,对学术研究有很高的参考价值。

▲ MioMed Center (BMC):生物医学中心(http://biomedcentral.com/)是生物医学领域著名的独立在线开放使用的出版机构。以出版网络版期刊为主,每篇文章收取一定量的发表费用。目前出版120余种生物学和医学领域的期刊,并能够提供一整套用于出版原始性科研成果的系统,包括在线提交稿件系统、用于文章取舍的同行评议电子工具、对文章进行数码处理等。使用 PDF 和 HTML 格式发表入选文章。

▲ Public Library of sience (PLoS):科学公共图书馆(http://www.plos.org/)出版了5种生命科学与医学领域的期刊。读者可以免费获取全文。PloS 于2003年和2004年创刊的 PLoS Biology 和 PLoS Medicine,则对每篇发表的文章收取1 500美元;订阅这两种期

刊的印刷版,则每年要支付160美元。

▲ HighWire Press (http://www.highwire.stanford.edu/):HighWire Press 是斯坦福大学著名的学术出版商,目前已成为全世界三个最大的、能够联机提供免费学术论文全文的出版商之一。HighWire Press 提供免费检索的期刊有181种,主要包括物理、生物、医学和社会学领域的核心期刊,其中有71种可以得到全文。到现在为止,该出版商提供的免费的论文全文已达170万篇以上,被称为全球最大的免费全文学术论文数据库。

▲ JSTOR(http://www.jstor.org/):JSTOR 全名为 Journal Storage,是一个对过期期刊进行数字化处理的非营利性机构,于1995年8月成立。目前 JSTOR 收录的期刊是以政治学、经济学、哲学、历史等人文社会科学为主,兼收其他29个学科的代表性学术期刊的全文。有些过刊可回溯到1665年。

以上是国外的相关开放存取资源。我国开放存取资源的发展目前还在起步阶段。但电子预印本发展得比较快,出现了中国科技论文在线、中国预印本服务系统、奇迹文库等比较著名的预印本网站。另外还建立了一些国外电子预印本的中国镜像站,如中国数理科学电子预印镜像库(http://www.xxx.itp.ac.cn)等。

四、网络开放存取资源的分布

(一)开放学术资源

开放存取图书:主要包括出版商提供的开放图书,如出版商 Oreilly 推出的开放图书项目;数字图书馆提供的开放图书、个人或团体网站提供的开放图书;读书公园、内容开放的百科全书;维基百科、Nupedia 百科全书。开放存取期刊:主要包括 DOAJ 及其他学术出版社提供的开放存取期刊、英国科学公共图书馆(PLoS)提供的开放存取期刊、生物医学期刊出版中心提供的开放期刊。开放存取论文:主要包括预印本文献资源,如预印本文献库、中国预印本服务系统、奇迹论文预印本项目、中国科技论文在线等(如下图[1]所示)。

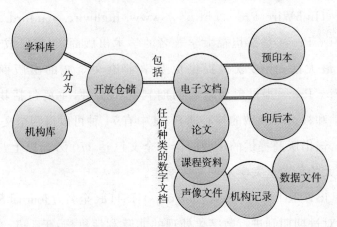

(二)开放教学资源

主要包括麻省理工学院的"开放式课程网页"http://www.ocw.mit.edu/index.html、中国开放式教育资源共享协会CORE http://www.core.org.cn/cn/、中国教育部精品课程建设http://www.jpkcnet.com/new/等。

---

[1] 引自厦门大学图书馆网站。

1 开放存取环境下高校图书馆发展策略概述

1.1 开放存取环境下高校图书馆发展策略总体规划

1.1.1 背景分析

OA运动的蓬勃兴起是科研成果交流的需要,是全球化发展的必然趋势,是网络环境下学术信息交流的新模式。作为学术信息交流、传播中心之一的图书馆,必须参与并推动其发展,才能与时俱进,持续发展。

开放存取运动有其自身的发展规律和社会要求,这一概念的提出对未来图书馆的建设与发展既是机遇也是挑战。图书馆应正视和了解这一新生事物,掌握其发展规律,把握其在图书馆未来发展中的作用,以适应国家提出的大力发展文化事业的要求,促进图书馆事业的健康发展。

1.1.2 开放存取环境下高校图书馆发展的缘由

1.1.2.1 "开放存取"对图书馆专业基础和内部工作方式提出了新的挑战

毋庸讳言,现代信息和网络技术的兴起,已从物理基础上动摇了图书馆的地位。而"开放存取"的提出和发展,对图书馆专业基础和内部工作方式上提出了新的挑战,压缩了图书馆的生存空间。[1]

---

[1] 秦珂.试论开放存取对图书馆的挑战与对策.图书馆学研究,2006(8).

《2003年OCLC的环境扫描》指出:"作为一种社会功能,图书馆可能会一直存在下去,但作为一种组织机构形态,却未必如此。新的信息环境的形成,使图书馆行业与其他信息服务行业的界面日益模糊,这既给图书馆带来了广阔的发展空间,也可能给图书馆带来莫大的冲击。"[1]

1.1.2.2 高校图书馆引入"开放存取"既是形势所迫,也是义不容辞的责任

高校图书馆作为高校的文献信息中心,具有相对稳定的读者群体和相对稳定的资金来源;其既通过各类有形的或虚拟的资源为校内读者提供免费的文献信息服务,又承担起高校文献信息资源的收集和整理功能。这为高校图书馆实现开放存取服务模式提供了坚实的基础。因此,高校图书馆应有计划有步骤地引入开放存取的理念和工作方式,探索在新的信息环境下图书馆的生存和发展模式。

1.1.3 开放存取环境下高校图书馆发展的立足点

首先,必须明确高校图书馆的定位,明确其体制和性质,才能有助于确立新的发展方式。对于高校图书馆而言,无论是校内还是校外,其服务都是公益性的。所谓公益性,就是免费为读者服务。这与开放存取的目的是相同的。以此为基础,积极寻求在法律保护下的文献信息资源的"合理使用",有利于强化高校图书馆的文献信息中心的地位。

其次,必须加大资金投入的力度,在建立方便可靠的文献信息利用平台的基础上,丰富馆藏文献信息的内容,扩大开放存取文献信息的规模。具体来说,就是必须加强与各类型信息服务提供商的联系,通过联合采购、集团定购等方式,积极引进成熟的、覆盖面广的、能满足校内外文献信息需求的数据库产品,并努力实现资源共享,以充分发挥资金的效益和文献信息产品的功能。

第三,以高校的教学科研为依托,开发具有自主知识产权的文献

---

[1] 马玉华.网络环境下加强高校图书馆读者信息服务.科技创新导报,2007(32).

信息产品，推进数字仓储的建设。开放存取是扩充馆藏资源的一种有效方式。从一定程度上来说，这是高校图书馆开发新的服务方式和拓展生存空间的必由之路。高校读者既是文献信息的消费主体，也是各类信息和知识的生产主体，因此，高校图书馆应充分利用文献信息收藏和服务的主体地位，在学校的统一协调和合理解决著作权的前提下，广泛地开展文献信息的收集、加工和整理工作，建立各类型的学科仓储和机构仓储，如建立特色数据库、开展资源导航服务等，并在此基础上积极开展元数据层面的各类型馆藏资源的整合工作。

1.1.4 开放存取环境下高校图书馆发展策略总体规划

1.1.4.1 制定统一的规划标准、成立图书馆开放存取资源联盟

合作建设是目前开放存取资源建设发展的总体趋势。开放存取资源是图书馆馆员、研究人员、出版者，以及信息技术人员等共同组织开发的，因此，必须争取各方面的支持，使用统一的建设标准，依托一定的软件平台来共同建设开放资源。如香港地区联合8家图书馆的技术、资源优势，开发了开放存取资源的集成化检索系统，将不同高校、研究机构的经同行评审的期刊、学位论文、研究报告等资源各自集中在统一的界面中，为读者提供浏览、检索服务，促进了学术资源的共享与交流。"图书馆开放存取资源联盟"的建立可以避免目前图书馆各自为政、盲目建设、重复劳动等现象，从而节省建设成本。

1.1.4.2 加大开放存取资源的宣传力度、提高读者的认知度

开放资源作为图书馆数字化资源的一种有效补充，已经成为图书馆不可或缺的资源，但是许多读者还不太了解。图书馆应该向广大读者宣传开放资源及其来源渠道，通过主页或者宣传册宣传开放存取资源，或者通过举办讲座、培训班、在线课堂等多种形式介绍并指导读者使用，指导读者如何在开放存取出版物中发布科研成果；让更多的读者不仅成为开放存取资源的使用者，而且成为开放存取资源的出版者。通过各种方式加大开放资源的宣传力度，提高读者的认知度，从而提高读者利用开放存取资源的能力。

1.1.4.3 提高图书馆馆员素质

据调查显示,图书馆工作人员对于开放存取资源的陌生也是造成图书馆开放存取资源较少被利用的原因之一。目前,开放存取资源的研究与推广在我国还处于起步阶段,大部分人还不了解。但是高校图书馆工作人员作为开放存取资源的宣传者和推广者,应该加强对开放资源的了解和学习,能熟练掌握网络开放资源的分布状况及变化发展趋势,这样才能有效地指导、帮助读者利用开放存取资源。

1.1.4.4 改善图书馆信息资源的采购途径

图书馆可在充分论证的基础上,停止订阅价格过高的某些商业性期刊,用质量控制较好的、被引用率和影响因子较高的开放存取期刊去替代同类的传统期刊。这样不仅能减少文献的购置成本,还能降低传统的采编、上架的工作量。笔者所在馆在2007年和2008年对期刊的利用率进行了统计,分别排出前100种和后100种期刊的利用情况,对后100种期刊中年价格在1 000元以上而利用率极低的几种中文期刊进行了调整。如《中国学术期刊文摘》在2009年就被另外3种期刊所替换。

1.1.4.5 开辟"开放存取资源"专栏

针对各高校开放资源名称设置不统一、组织和揭示方式差异较大等问题,建议图书馆在自己的主页上设置"开放存取资源"专栏,还可以直接将开放资源作为自己的馆藏。图书馆的主页不仅要成为引导读者利用本馆馆藏的窗口,更要成为宣传窗口。如北京邮电大学图书馆就在其主页上设置了"免费学术信息资源"专栏,链接了"开放获取资源一站式检索平台"。中山大学图书馆在其主页上设置了"免费网络资源"专栏。另外,如清华大学图书馆等都在图书馆主页上宣传和推介开放资源,并对相关资源做了文字性的介绍。

1.1.4.6 实现开放资源与馆藏资源的整合

为了提高开放资源的利用率,必须对分散的资源进行有效的整合,即将开放资源与馆藏资源整合在同一平台,进行集成化检索,利用检索平台,可以将搜索到的开放资源与本馆的数字资源进行整合,从而实现多数据库同时检索,分数据库显示结果的目标。目前国内高校开放资源整合工作做得较好的有北京邮电大学图书馆的"开放获取"资源一站式检索平台。该平台利用《中图法》分类,设有18个学科导航。将网上各类开放资源整合在同一平台上,又与馆藏资源进行了整合。中山大学也将馆藏的电子资源与免费的开放资源进行了整合,只是开放存取资源的数量相对较少。

1.1.4.7 从小处着手,进行开放资源特色化建设

开放资源数量巨大,各图书馆由于人力、物力、技术的限制,的确没有能力做到面面俱到,大部分高校图书馆对开放资源也只是做到了简单的链接。建议各高校图书馆应该先从小处着手,根据自己学校的专业特色、学科特色进行特色化开放资源的建设。如中国农业大学图书馆就根据自己学校的专业特色和学科特色链接了"中国兽药信息免费数据库"、"中国农业科技基础数据信息库"、"联合国粮农组织统计数据库"等免费的学术资源站点,取得了较好的效果。

1.1.4.8 利用OPAC深层揭示开放资源

OPAC是揭示图书馆全部馆藏的窗口,也是读者最熟悉最常使用的检索工具之一。读者通过OPAC统一的检索界面能检索到多种类型、多种载体的文献资源。利用OPAC深层次揭示开放资源,可以大大提高开放资源的利用率。利用OPAC揭示网络信息资源,在国内外已相当普遍,许多图书馆自动化管理系统都具有通过OPAC与其他数字化资源联结的功能,如INNOPAC、Horizon、Unicom、江苏汇文等。这样,读者通过OPAC查找馆藏文献时,也能查找和利用到大量的开放存取资源。

1.1.4.9 加大技术研发开放资源的建设力度

从图书馆层面来看,开放存取技术是制约开放资源建设的瓶颈。开放存取技术包括基于OAI开放元数据技术、基于DOI的永久性保存与利用的技术、基于搜索引擎的开放存取技术、基于Web Servicer的开放存取技术等。如俄亥俄州立大学健康学院Ariel馆际互借文献传递系统的补充软件Prospero,它将Ariel换为网页文献。选择以

开放资源为主导的技术路线,可以有效摆脱版权问题的干扰,使图书馆接触到开放存取的核心技术。在技术研发方面,国内图书馆与国外图书馆相比有较大的差异。目前,国内图书馆仅停留在对开放资源的介绍、链接、开发与整合研究上,对于开放存取技术的研究较少。因此,我国图书馆必须加大对开放资源的存取技术研究,从而使我国的开放存取资源建设迈上新台阶[1]。

1.2 开放存取环境下高校图书馆发展策略详细阐述

目前,很多用户对开放存取还不太了解。根据国内一份针对公共关系学研究人员关于开放存取出版模式的问卷调查表明:110位被访人员中,只有14人了解开放存取出版模式,约占14.5%;其余人都是"有点了解",或者"不太了解"[2]。可见绝大多数用户对开放存取的认知度还是非常低的。图书馆有责任和义务利用自己在信息交流中的优势地位,通过各种形式如网络、报刊、讲座等大力宣传开放存取对国家科技发展的战略意义,以及对科研活动和科技信息传播的重要作用。宣传"开放存取"的理念,让更多的科研人员了解、响应和加入开放存取模式,使图书馆成为开放存取运动最忠诚的支持者和宣传者。另外,开放存取运动对高校图书馆的影响是深远的,高校图书馆应当有紧迫感,应当积极投身其中,要将其与图书馆的传统职能结合起来,要通过自身素质和能力的提高,将开放存取为我所用,成为开放存取运动的研究者、参与者、服务者和实践者,更要成为强有力的推动者。

1.2.1 成为开放存取运动的捍卫者

"许可协议"是开放存取之魂。实行开放存取模式,有赖于广大用户对协议条款的遵守,切实担负起有关的责任和义务。任何对协议条款的漠视、粗暴侵犯,或恣意践踏,都将使开放存取的理念受到

---

[1] 高坚.放存取对学术图书馆的影响和对策研究.图书馆论坛,2008(4).
[2] 林敏.试论开放存取对图书馆的影响和对策.图书情报工作,2007(12).

威胁,使开放存取的精神受到摧残。面对用户中存在的种种违反许可协议的现象,图书馆应区别对待:对于因无知而出现的侵权行为,图书馆主要是以宣传开放存取知识,提高用户遵守协议的自觉性、主动性为主要对策方式;对于明知故犯的侵权行为,图书馆则要开展坚决的斗争。如果因用户的侵权行为而可能使图书馆承担有关法律责任,那么图书馆就要勇敢地拿起法律武器去维护自己的权利。因为,维护图书馆的权利,就是保护和支持开放存取模式,就是为实现图书馆倡导的信息资源共享的目标做贡献。

1.2.2 成为开放存取运动的赞助者

图书馆要真正融入开放存取运动之中,就必须成为这项运动的直接建设者。[1] 第一,支持开放存取出版。如学术出版和学术资源联盟(The Scholarly Publishingand Academic Resources Coalition,简称 SPARC)就是由美国图书馆学会(ARL)等 300 多家单位支持的出版项目,该项目已经扶持学术团体或小型出版商出版了 100 多种非赢利或低价学术期刊。第二,建立机构 OA 库,成为出版者,直接向用户提供各种服务。目前,建立和维护这类 OA 库的软件包已经出现,如 BOAI 的"机构库软件指南"(Guide to Institutional Repository Software)和 SPARC 的"机构库检查列表和资源指南"(SPARC Institutional Repository Checkhst & Resource Guide)等。第三,协助相关研究人员把其创造的开放资源存储到机构 OA 库中。第四,通过分工协作,承担起开放资源的长期存储任务。尽管有学者认为,数字信息长期保存的责任应由出版商来承担,因为出版商在生产数字信息之时就决定了该信息的储存格式、执行标准、运行环境,其他人的工作只能是或多或少地影响其原始形态,并不能使其发生实质性的变化,否则就不是对原始信息进行保存。但是,对信息资源收集和传播负有重要责任的图书馆,不能推卸长期保存开放资源的责任,这是由图书馆的社会地位决定的,也是开放存取环境中图书馆竞争发展的需要。如荷兰国家

---

[1] 秦珂.试论开放存取对图书馆的挑战与对策.图书馆学研究,2006(8).

图书馆就承担了 BioMed 中心期刊的长期保存工作。第五,成为开放存取的机构会员。图书馆加入开放存取组织成为其机构会员,除了可以向世人表明其对开放存取的支持外,还可以提高本馆人员研究成果的可见度,在降低论文发表成本的同时,提升图书馆的声誉和形象。但是,不同的开放存取组织向机构会员收取会费的标准、方法不同,因此,对图书馆产生的效益不同。图书馆在成为机构会员之前,必须慎重选择。

1.2.3 多了解开放存取、深入研究开放存取

开放存取运动还只有十来年历史,首先在国外兴起,对国内来说,还是个新生事物。因此,图书馆工作人员有必要对国外开放存取运动的状况进行全面认真的研究,包括其起因、背景、过程、目的意义、现状等,这样才有可能采取有针对性的策略,推动图书馆事业的发展。在全面了解国外开展开放存取运动的情况之后,就应当结合我国国情,深入细致地分析研究开放存取在我国的可行性,以及需要解决的主要问题。

图书馆馆员作为开放资源的宣传者和推广者,应加强学习,不断提高自己接收新事物、新知识的能力,要广泛收集、阅读、积累有关信息资源方面的资料,熟练掌握网络开放资源的分布情况及其变化发展趋势,只有这样,才能有效地指导、帮助用户利用网络开放资源。对于高校图书馆的学科馆员来说更是如此。

此外,图书馆还要积极倡导和组织国内图书情报界专家学者加强对开放存取模式的理论和技术研究,尽快构建起一个适合我国国情的开放存取组织和管理框架,为开放存取的发展提供理论和技术上的支持,为国家相关政策的出台提供理论上的依据。

1.2.4 广泛开展宣传活动、提高读者对开放存取资源的认知程度

1.2.4.1 支持原因

开放存取运动在世界各国正蓬勃发展,开放资源也越来越丰富。

有数据表明,每年有15%的学术成果可以在互联网上开放存取,而且还在不断增长。开放资源作为图书馆数字化资源的一种补充,具有成本低、时效性强、易获取等优点。然而据粗略估计,目前笔者所在馆90%以上的读者对其意义、功能、实现途径不甚了解。因此,图书馆有义务有责任对广大用户进行宣传或培训。高校图书馆应是开放存取的宣传者和推广者。如美国哈佛大学、麻省理工学院、华盛顿大学等图书馆在其主页上开设了开放存取的读者教育活动。我国台湾大学典藏数字化计划网站(http://www.darc.ntu.edu.tw/)挂接了"Open Archives Initiative"专栏,提供有关OAI综合性网站、OAI-PMH实验文件、专业化的搜索引擎等免费服务[1]。

1.2.4.2 积极宣传开放存取

在开放存取还不被大多数人了解的时候,图书馆作为信息服务机构,有责任、有义务向读者宣传开放存取理念。图书馆应利用各种手段,如专题讲座、学术报告会、宣传手册、图书馆主网页来介绍开放存取知识,并在图书馆主页提供开放存取期刊的列表或链接,支持科研人员以开放存取形式发表论文。

图书馆作为文献信息的组织者和传播者,面对开放存取的迅速发展,应该抓住机遇,发挥自身优势,为开放存取运动的持续发展,发挥重要作用。图书馆应积极、主动向用户宣传OA的基本知识,让所有用户了解、熟悉这一全新的学术出版理念,提高用户的OA意识。因为开放存取在大多数用户心目中还是一个比较抽象、模糊的概念,甚至有的图书馆员对这一概念也不是很理解。

首先,图书馆应积极鼓励用户利用开放存取资源,可利用宣传窗、宣传资料、专题讲座、网上留言簿、学术报告会、电子论坛,也可通过板报、海报、图书馆主页、系列讲座、网络课堂、在线咨询等多种方式,加大对本馆及网络OA资源的宣传力度,重点向用户介绍不同种类OA资源库的主要特点、学科内容、检索方法及文献作品的上传与

---

[1] 孔繁军,游苏宁.关于开放存取出版模式的问卷调查.中国科技期刊研究,2005,16(5).

下载方法,使用户能迅速掌握OA数据库的基本使用原理及检索技巧,能熟练运用各种检索方法而全面系统地获取所需的文献信息,并能及时、准确地将自己的学术作品以OA的形式发布出来,从而充分调动用户利用OA资源的积极性,提高OA资源的利用率。

其次,图书馆应鼓励、指导研究人员将自己的科研成果发表在开放存取的期刊上,或将自己的研究论文在机构知识库或学科知识库中存档,以实现个人信息资源在更大范围内的传播与共享。另外,在图书馆主页提供开放存取期刊的列表或链接,以支持广大用户以开放存取形式发表论文。如北京大学网站(http://www.lib.pku.edu.cn/portal/index.jsp)挂接了OpenJ-Gate数据库;清华大学网站(http://www.lib.Tsinghua.edu.cn/database/database portal html)挂接了"DigiZeit schriften Open Access","Directory of Open Access Journals (DOAJ)","Hindawi Publishing Open Access Journals"和Socolar Open Access资源统一检索系统;[1]山东大学网站(http://www.lib.sdu.edu.cn/libportal/)挂接了"数千种免费学术期刊全文"。国内数百家大学网站都挂接了中国教育图书进出口公司研发的"Socolar Open Access资源统一检索系统"[2]。

1.2.4.3 具体策略

学术出版和信息传播的目的就是保证需要得到学术期刊论文的用户都能够免费地获取这些信息。图书馆一直都是学术交流体系中的一个重要环节,其功能之一就是用最有效的方式支持信息交流。在当今信息时代,作为信息资源集散地的图书馆面临着两大社会压力:知识经济和技术革命。图书馆本身也在努力适应着当今飞速发展的时代环境。自20世纪90年代学术界提出"开放存取"的议题以来,从研究人员到学术机构都做出了积极回应,国内外图书馆界也启动了不少开放存取的项目。结合图书馆在学术交流体系中扮演的角

---

[1] 逄丽东.网络环境下图书馆的读者服务.科技创新导报,2007(32).
[2] 徐州师范大学图书馆OPAC信息查询.http://www.195.72.24:8080/opac/search.php(访问时间:2009/01/12).

色及其特定的机构性质,图书馆可参与开放存取出版的途径也是多样化的[1]。

开放存取赋予了图书馆用户教育的新内容。目前,绝大多数公众对开放存取的意义、功能、实现途径不甚了解。强大的作者群、广泛的用户群是开放存取可持续发展的动力之源,图书馆可以利用其易于与用户接触的便利条件和技术优势宣传开放存取的理念及相关知识,使开放存取理念逐步深入人心。如中国科学院半导体研究所图书馆就在其主页上设立了"开放资源中心"栏目,美国哈佛大学、麻省理工学院、华盛顿大学等图书馆在主页上也开展了开放存取的用户教育活动[2]。

首先,图书馆应该加强对用户的教育,举办OA培训活动,编发资料、举办讲座或学术交流等,向读者宣传OA这一新型学术交流模式。其次,图书馆还可以在网站上开辟专栏,除了宣传有关知识、解答疑问外,还可以定期发布开放存取的信息,使师生深入了解开放存取这一新型学术交流模式及其重要意义,从而尽快转变观念。图书馆要对国内外开放存取的网站进行推广,推荐开放存取期刊的列表和链接,积极鼓励研究人员利用开放存取期刊。具体策略如下:

★ **策略之一:在主页上设置相关专栏**

目前,我国大部分公众对开放存取并不太了解,即便是有所了解的人,对开放存取的具体实施也存在着各种疑惑。调查表明,只有14.5%的作者"了解有关期刊稿件的OA出版模式",46.4%的作者"有点了解",39.1%的作者"不太了解"。图书馆作为学术交流系统中的一个重要环节,有必要对公众,尤其是对研究人员宣传和推广开放存取模式。例如将搜集到的开放资源的网址、较稳定的OA期刊链接按照本校学科的设置开辟网上"开放资源"专栏,提供给用户,向用户普及开放存取知识,解答用户的疑问,定期发布开放存取发展的最新

---

[1] 开放资源中心(互联网上的免费资源). http:// www.semi.ac.cn:8080/tsh/dzzy/kfzy.htm.

[2] 王云娣.数字信息资源的开发与利用研究.武汉大学出版社,2006.

动态。国内外一些图书馆已经在这方面发挥了积极的作用,如中科院半导体研究所图书信息中心主页,在"电子资源"栏目下设置了"开放资源中心",提供了 SPARC、HighWire、DOAJ、奇迹文库等资源的链接和使用指南。哈佛大学、华盛顿大学图书馆的主页上也都有相应的内容链接。

另外,图书馆应加强对用户进行开放存取资源的宣传和教育,除利用宣传栏、分发宣传资料等传统方法来推广外,还可以利用开设"开放资源的分布与利用"等专题讲座,对用户进行宣传教育,同时充分利用图书馆网站、网上留言簿、BBS论坛及校内的电子邮件系统等途径对开放资源进行宣传和推广,让用户接受开放使用的理念。图书馆员作为开放资源的宣传者和推广者也应加强学习,不断提高自己接受新事物、新知识的能力,广泛收集、阅读、积累信息资源方面的资料,熟练掌握网络学术资源的分布情况及其变化发展趋势。

★ 策略之二:加大宣传力度、提高对开放存取资源的认知度

为了促进开放存取资源的有效利用,图书馆应充分利用图书馆主页、读者参考、校园网、电子邮箱、文献检索课等多种形式对开放资源进行宣传。高校图书馆应充分利用宣传窗、分发宣传资料、开设开放存取资源的站点等形式,以及利用图书馆网站及校园内的电子邮件系统等,对用户进行宣传教育,推广开放存取资源,让用户接受开放存取理念。同时还可以开设"开放资源"专栏,使读者了解其运作模式和优点,让更多的读者不仅成为开放资源的使用者,而且也成为开放资源的出版者,从而推动开放存取模式的发展。另外,图书馆作为开放存取资源的宣传者和推广者,应当广泛收集、阅读、积累有关信息资源方面的资料,熟练掌握网络开放资源的分布情况及变化发展趋势。只有这样,才能有效地指导、帮助用户利用网络开放存取资源,最大限度的发挥开放存取资源的作用。

★ 策略之三:提高用户对开放存取的认识——用户

目前,绝大多数读者对开放存取的意义、功能、实现途径不甚了解,因而对开放存取资源的利用程度不高。有调查显示,某高校的教

学和科研人员对国内外运行比较成功的开放存取资源系统,如开放获取期刊名录、中国科技论文在线、科学公共图书馆、奇迹文库等,全部了解的几乎为零,了解一两个的也很少。目前在高校能接受以开放存取方式出版自己科研成果的人还很少,更多人仍倾向于利用传统的学术期刊。因此,高校图书馆应以各种方式加大对开放存取模式的宣传力度,使开放存取理念逐步深入人心[1]。

★策略之四:对科研工作者积极宣传开放存取理念和相关知识

科研工作者是图书馆的主要服务对象,应使他们明白开放存取出版模式既可以保留其作品权,又可以使其科研成果得到更快、更广泛的传播与交流的道理,鼓励他们自主参与,及时将自己的科研成果或学术论文加入开放存取仓储,以丰富我国开放存取机构仓储的内容。科研工作者又是开放存取运动中"取"的最大受益者,包括其他普通的读者用户,图书馆应该对他们积极宣传开放存取知识、推荐开放存取机构、介绍检索技巧和使用方法,使更多的人关注和使用这一新兴的网络出版方式。

★策略之五:加大对教师OA资源的宣传力度,提高他们对OA的认识

在对高校教师、科研人员的调查中发现,有相当一部分教师不知道或不了解OA。高校图书馆应充分利用图书馆网站、网上留言簿、电子论坛及校园内的电子邮件系统等加大对本馆及网络OA资源的宣传力度,重点向老师们介绍不同种类OA资源库的主要特点、学科内容、检索方法及文献作品的上传与下载方法等,使老师们能迅速掌握OA数据库的基本使用原理及检索技巧,能熟练运用各种检索方法全面系统地获取所需的文献信息。采取培训、展览、讲座等各种形式,大力宣传OA的理念,增强老师们利用OA资源的意识。

★策略之六:加大对大学生的开放存取资源的宣传力度

图书馆应该把大学生作为开放存取理念教育的重点对象之一,

---

[1] 崔海峰,洪跃.图书馆在开放存取中的对策.图书馆学刊,2006(4).

因为大学生是科研的后备力量,对他们进行深入的开放存取理念教育,可以为开放存取运动培养潜在的利用者、投资者和倡导者。

1.2.5 积极参与开放存取运动

★ 策略之一:转变工作观念以适应开放存取运动需要

开放存取运动适合图书馆利用作品的特点,根据《布达佩斯开放存取先导计划》的要求,图书馆可以免费在公共网上得到文献,并且可以下载、打印、检索或链接全文。[1]据统计,全世界发行的学术期刊中约有21 000种为经过同行评阅、审稿的高质量期刊,而其中的6%(约1 200种)现已成为开放访问期刊。图书馆应组织力量着力开发这些资源,以解决采购经费不足的问题。另一方面,这些资源都是通过网络来即时获取的,适应了图书馆收藏文献的时效性要求。这就要求图书馆改变传统的工作模式与服务方式,充分利用网络,即时更新、即时获取,从而推动图书馆事业的全面发展[2]。

OA资源是高校图书馆信息资源建设与管理的重要资源,高校图书馆信息中心地位的巩固,离不开对OA资源和图书馆内部资源的有机整合。图书馆应积极参与OA资源建设,深层次开发OA资源,创建OA资源库,及时、准确、有序地组织OA资源,将开发的OA资源的目录、网址、简介发布出来,并建立相应的链接,让读者能根据自己的需求及时查询OA资源。同时还要充分调动读者的积极性,让他们亲自参与馆藏OA资源建设,将自己的学术作品存储到本馆的OA资源库中。

★ 策略之二:更新观念、参与开放存取信息资源的建设

作为高校的文献信息中心,图书馆通过各种有形的或虚拟的资源为读者提供免费的文献信息服务,这和开放存取的目的是契合的。图书馆应当成为开放存取信息的参与者和出版者,利用自身人力资源优势参与开放存取出版论文的审议和质量控制,并充分发挥文献

---

[1] 马景娣.学术期刊开放访问和图书馆的应对策略.中国图书馆学报,2007(4).
[2] 贺晶晶,刘钊.我国开放存取政策探讨.高校图书馆工作,2007(1).

信息资源的收集整理功能,促进开放存取机制的深入发展,实现信息资源的自由共享,使图书馆成为信息交流新模式中的一个重要环节。

★ 策略之三:积极参与开放存取活动

因为开放存取模式的目的是利用网络实现科研成果的广泛共享,就是让更多的用户可以自由获取所需的知识信息。图书馆应积极参与到开放存取活动中去,如大学图书馆可为本校教师开设电子预印本典藏服务,以建立起本校的开放存取文档库。

开放存取模式要持续发展,并扩大其影响力,需要有越来越多的机构和人员参与进来,从而提供更多高质量的学术作品。高校图书馆可以将本校的优质稿源,包括教师的论文、科研报告、讲义、申请课题、学术总结等这些分散存储的学术信息集中起来,将开放存取与网络出版、永久性保存、公益性信息服务结合在一起,构成机构知识库。图书馆应鼓励所在高校的研究人员将研究成果以标准的文档格式上传,并允许提供免费查询,同时负责数字资源的维护和实现与其他数字存档仓库的互操作,促进图书馆从出版物收藏者的角色向出版者角色的转变,以使其服务更具多样性、针对性、竞争性,并可扩大所属单位研究者的成果的影响力与知名度,提高组织声誉。

★ 策略之四:积极支持学术成果的网络出版、参与 OA 运动

作为 OA 运动受益者的图书馆,在宣传 OA 的同时,还要加强对 OA 资源的揭示、收集、整合与利用。然后将整理的国内外 OA 资源目录在其主页上链接。目前,国外做得较好的有:开放获取期刊指南 DOAJ(Directory of Open Access Journals)http://www.doaj.org/、SIN-DAP 全球科技预印本检索 http://www.egroups.istic.ac.cn、学术出版与学术资源联盟(SPARC:Scholarly Publishing and Academic Resources Coalition)http://www.arl.org/sparc、HighWire Press 电子期刊 http://www.high wire.stanford.edu/lists/freeart.dtl、Open J-Gate 开放获取期刊门户 http://www.open j-gate.com、布达佩斯开放获取资源(Budapest Open Access Initiative)http://www.soros.org/open access、佛罗里达州立大学的 D-Scholarship 仓库 http://

www.dscholarship.lib.fsu.edu；国内有：奇迹文库 http：//www.qiji.cn、香港科技大学科研成果全文仓储（HKUST Institutional Repository）、中国学术会议在线 http：//www.meeting.edu.cn等。

另外，图书馆还可以创建自己的OA文库，负责对本校师生学术成果的网络出版和传播，可以将本校师生的期刊文章、研究论文、教学、专题论著、研究成果存入该文库，通过图书馆的统一平台进行检索。这样，图书馆的文献资源内容便得到了极大的丰富和补充，一定程度上缓解了图书馆界普遍存在的资源短缺问题。文献资源是图书馆服务的根本，如果图书馆的服务缺乏信息资源，那么服务就成了无源之水，无本之木。OA环境下的图书馆通过积极推广、开发、利用免费的信息资源，既丰富了自己的馆藏资源，又提升了自身的服务水平。这种开放的免费获取资源的方式必将成为图书馆丰富文献信息资源的一种新趋势。

1.2.6 稳妥实践开放存取、努力推动开放存取

开放存取的发展迎合了网络时代信息交流的特点，开创了一种全新高效的学术交流模式。对图书馆而言，开放存取在给图书馆带来了新的发展机遇的同时，更多的是给图书馆的工作提出了挑战。因此，积极采取应对策略，充分利用开放存取资源，投身于开放存取运动，变挑战压力为动力，才是图书馆应采取的策略。

既然开放存取能够更便捷地进行学术交流，有利于科学技术的进步和社会的发展，我们就应当积极稳妥地实践开放存取，推动开放存取在我国的应用和发展。高校图书馆作为学术资料信息的集中提供者，自当敢为人先，积极参与，勇于实践，积极引入、搜集、揭示、开发、利用和整合开放存取资源。

1.2.6.1 积极引入开放存取资源系统——引入

★ 策略之一：引入开放存取资源系统

2005年2月22日，国际图书馆协会联合会主席阿列克斯·拜恩在信息社会世界峰会第2次筹备会议上提出，要"鼓励安装开放存取

系统,以便人们能够获得科技的、文化的和教育的信息","提高利用免费软件、开源软件和低成本软件的意识"。[1] 目前,国内外运行比较成功的开放获取资源系统有:开放获取期刊名录、中国科技论文在线、科学公共图书馆、奇迹文库等。高校图书馆应积极引入这些资源系统,以丰富信息的来源渠道。既然开放存取是图书馆不受版权约束而获取和利用作品的有效途径,那么,高校图书馆就应充分利用DOAJ等的浏览和检索功能,结合本馆实际有针对性地收集、开发学科特色资源,并加强对开放存取资源的揭示、整合与利用,从而提高图书馆的文献信息保障能力和服务水平。

★ 策略之二:严格遵守开放存取的有关规则

开放存取不能错误地理解为就是绝对自由地获取与绝对自由地使用学术资源。开放存取是以许可协议为操作模式和法律保障的。从合同法来理解,许可协议是一种特殊的版权许可格式合同,是开放资源创造者拥有权利和行使权利的依据,用户使用开放资源就等于默许了对协议条款的认可。因此,高校图书馆必须遵守授权协议,才能免于陷入法律纠纷,也才能为促进开放存取模式作出自己的贡献。比如,DOAJ中的元数据可以免费获取,但必须遵守"共用授权协议条款"(Creative Commons Public License)。该协议规定,用户在使用这些元数据时,必须标明作者的名字;对于衍生作品,必须以开放存取的方式授权其他用户使用。又如,对于开放源代码软件的使用,图书馆必须按照GPL的授权条款行事。可见,开放存取模式对社会的道德水平提出了新的要求,它要求图书馆人必须提高道德水平,自觉遵守授权规则,并以此来捍卫开放存取模式。

★ 策略之三:发展和支持开放存取机制

首先,向师生推荐开放存取期刊和知识仓库,在图书馆主页上提供开放存取资源的列表和链接,鼓励师生积极利用开放存取资源。让师生们在开放存取期刊上发表论文,或将其研究论文、学位论文在

---

[1] 李春明.图书馆与开放存取资源之长期保存.图书馆建设,2007(4).

机构知识库或学科知识库中存档,以供公众共享。

其次,开放存取模式可以使图书馆获得大量的信息资源。学术资源与普通商品不同,不存在替代性,图书馆购买学术出版物的能力完全取决于资金的充足与否,因此,开放获取模式将使图书馆放弃对高价格商品化资源的采购,而越来越多地转向对开放资源的收集,并把节约下来的资金有重点地投向商品化资源,或用于对技术的改造与人员的培训。

1.2.6.2 及时搜索、发现开放存取资源——搜集

在互联网上,开放存取的学术成果越来越多。有数据表明,每年有15%的学术成果可以在互联网上开放存取。高校图书馆应当积极挖掘网络上开放存取的学术资源,以此来丰富馆藏,同时缓解经费紧张与用户学术信息需求大的矛盾。要针对本校的学科特色多途径挖掘开放存取资源:

①利用搜索引擎及资源发现工具,如谷歌、雅虎、搜狗、百度(Google Scholar,Yahoo CC Search)等;②利用隐性信息查找工具,如IN fomine,Invisible Web,Direct Web;③浏览政府、研究机构、高校、专门研究开放存取的博客、个人网站等,获取最新的开放存取信息。如中国国内主要网站、国际组织 IFLA 网站等;④借鉴、整合各高校图书馆、科研机构所做的开放存取资源导航库。

高校图书馆应该对收集来的开放存取资源根据需要进行选择,对开放存取资源进行加工、重组、阅读、编辑、发布、引用、保存、提供存取通道等各种处理,在免费数据库导航中,提供数据库的名称、网址、简介等,向读者进行宣传和推介,使所收集来的开放存取资源能被用户最大程度地利用。同时,高校图书馆要将分散的开放存取资源进行有效整合,将其整合到一个知识库中,进行集成化检索。

开放存取运动在国际学术界、出版界和图书馆界已蓬勃兴起,目的是解决学术期刊的危机问题,以建立一个服务于科学研究的学术交流体系。目前,开放存取运动得到了良好的发展,主要形成了以下4种开放存取资源:①开放期刊(Open AccessJournals);②机构知识

库(Institutional Repositories);③学科知识库(Disciplinaries Repositories);④个人网站或博客。开放存取资源来源于网络,它随时更新变化,这给人们查询和利用带来不便。为了更好地建立学术交流体系,使用户方便快速地获取信息,那么,在对开放存取资源进行采集时必须有统一的正确的认识。

第一,开放存取资源采集的总体方针。

信息资源采集一般是指为用户提供存取服务的搜集、采购活动,是信息资源建设工作的一部分。信息资源数量巨大、内容广泛、形式多样、易于丢失的特点决定我们不可能毫无选择地全部采集和保存开放存取资源,因此在采集对象上应制定统一的总体采集方针。[1]

☆ 总括性采集

总括性采集的原则是只要符合开放存取条件的资源都可以采集。采集"开放存取"资源要符合以下两个条件:①作者和版权所有者授权所有用户对作品的免费、广泛和长期访问的权限,并允许他们以任何数字媒体形式对作品进行公开复制、使用、传播、展示,以及在原作品的基础上创作和传播其演绎作品,只要用户的使用是基于合法目的的,并在使用作品时注明相应的引用信息即可。②在作品发表后,应该将完整的作品版本和所有附件以一种标准的数字格式立即存储到至少一个在线数据库中,以确保作品的开放访问、自由传播、统一检索和长期存档。

☆ 选择性采集

选择性采集的原则是根据信息资源的历史文化、研究和经济价值,针对一部分具有特殊价值的资源"选我所需"地进行采集。采用这种方式的以澳大利亚国家图书馆PANDORA项目和加拿大国家图书馆EPPP电子出版物导航项目为代表。

第二,开放存取资源的采集原则。

开放存取资源的采集应与纸质文献资源的采集一样,要遵循相

---

[1] 刘华.国外机构知识库的长期保存研究及其启示.情报资料工作,2007.

应的采集原则,以避免对开放存取资源的组织和揭示的随意性、无计划性和盲目性等。具体采集原则如下[1]:

☆ 针对性原则

根据保存机构的性质、任务和特点,针对不同的专题,确定信息的采集方针,明确采集的类型、范围和采集的深度。

☆ 系统性原则

在网络环境下,应注意掌握和发挥印刷型文献、电子文献和网络信息资源各自的特点和优势,使其实现优势互补、协调发展,从而形成连续、完整的开放存取资源系统,为学术研究人员提供系统、便捷的服务。

☆ 可靠性与权威性原则

网络信息资源杂乱无序,资源的来源渠道也很复杂。为了避免不可靠的和重复的信息,必须考虑提供者的信誉、机构的性质与规模等,选择权威性和可信度高的网站。

☆ 标准化原则

在网络环境下,各用户或机构已不再是独立个体,而是整个信息网络中的一个节点,各节点间的信息资源共享是建立在信息资源建设的统一的标准和规范的基础上的。

☆ 学术性原则

开放存取资源种类繁多,实现途径多样化,其主要目的是为了促进学术信息的传播与交流,实现学术信息资源共享。因此,在开放存取资源的选取和利用上,应确定开放存取资源所属的学科范围,通过质量控制选取具有学术价值、有深度、能反映学科前沿发展水平的学术资源,同时应通过同行评审机制确保信息资源的质量和学术价值。

☆ 效益性原则

资源的保存是为了开发利用。开放存取模式应根据用户的不同

---

[1] 高嵩,张智雄.机构仓储及其在数字图书馆服务中的应用模式研究.图书情报工作,2006(8).

需求,对资源进行分类和补充,通过技术开发,最大限度地提高资源的使用效率。

☆ 发展性原则

在实践的基础上,要重视新思想、新技术的应用,不断完善自身的结构和功能,为以后的扩充、升级、维护等留有余地,以适应和满足社会与学科建设发展的需要。

第三,开放存取资源采集的模式。

理论上,一个图书馆可以收集到所有的开放存取资源,但图书馆应该根据自己的任务、职责和服务对象等因素,制定适合自身的开放存取资源发展政策,确立其采集内容、采集模式、采集对象和采集深度等。

传统信息资源收集的文献单元是以"种(Title)"为单位;开放存取文库使得信息单元出现多元化发展态势,"种"的单元依然并将长期存在,信息单元向宏观发展形成了"库(Archive/Repository)"的层级,向微观发展形成了"文章(Article/Chapter)"的层级。因此,图书馆对开放存取知识库的选择包括对文库的选择,也包括对文库内资源的选择,这给机构库资源的收集与管理带来一定的难度。开放存取机构库的资源既包括一次文献(对象数据),也包括与之对应的二次文献(元数据)。图书馆对开放存取资源的收集将更多集中在对元数据的收集上。由于开放存取资源信息单元具有多元化的特征,因此图书馆对信息进行评估和选择将是一个多层级的任务,"文章"层级的资源发展政策和选择将成为文库管理者和作者的工作内容,图书馆替用户的选择行为将在"库"的层级上展开,因此,采集开放存取信息资源时应该重视收集行为的效率和收集范围的大小。开放存取资源采集模式至少包括3种:①在国家层面进行集中的元数据采集,构建国家级开放存取资源的元数据总库,然后主题型或其他类型的服务提供者从国家元数据总库采集元数据或进行联机跨库检索。这种模式比较符合我国国情和开放存取资源的具体要求,技术上也比较容易实现。建立一个国家级开放存取资源元数据总库,能保障元数据最大程度的一致性,减少重复性工作。②主题型服务提供者执行基于学科的元数据采集任务,然后作为内容提供者为国家级开放存取资源元数据总库进行采集数据。③按照资源类型(如预印本、期刊论文、学位论文和技术报告等),由专门的代理机构进行元数据采集,然后作为内容提供者为国家元数据总库采集数据。目前,我国主题型服务提供者和专门资源类型的代理机构还不存在,因此,我国有必要建立一套开放存取资源元数据的国家级的集中的自动化采集机制和系统,并在元数据集成的基础上实现元数据的二次采集和逆向采集[1]。

第四,开放存取资源采集系统。

开放存取资源采集系统可以参照网络信息采集系统来设计。系统首先按照用户指定的信息或主题,调用各种搜索引擎进行网页搜索和数据挖掘,将采集的信息经过过滤等处理过程而剔除无关信息,从而完成开放存取资源的收集,然后通过计算机自动排重等处理过程剔除重复信息,再根据不同类别或主题自动进行信息的分类,从而完成信息的整合。

☆ 网页采集

目前信息资源的采集有手工和自动两种方法,手工采集即手工选择网址和选定一个存储的频率;自动采集是使用机械手爬行程序来管理网络文献,它定期运行一种爬行程序,把"爬"过的信息资源的每一页都抓到服务器上,并且自动管理。对开放存取资源的采集最好采用自动爬行和手工采集相结合的方式。采用自动内容爬行的方法能尽可能迅速地收集到网络上巨大规模的信息资源,对于那些不能用自动方法得到的深层次网络并且具有极高价值的开放存取信息资源内容,应该采取手工采集方式采集,因为自动爬行程序不能进入深层次网页内容。但自动爬行程序能够提供技术特征的分析,以发现深层网页的网址。自动爬行程序的通报功能主要是由相关的技术

---

[1] 秦珂.开放存取出版的若干问题及发展对策分析.出版科学,2006(3).

追踪特征（例如表格和口令保护）结合系统探测网址的语言分析所组成。由相关技术追踪到的包含深层次网页内容的一系列网址，经过语言分析后，将其送给有关专家，以评估他们对规定文献的适度性。无论开放存取资源采用什么样的技术包装，这种自动爬行和手工采集相结合的方式是唯一能够解决对于深层网络和不可见网页资源不能在线收集问题的好方法。

☆ 网络信息挖掘

对开放存取资源的快速保存，准确、全面采集信息的需求，需要网络机器人 Robot 将大量的采集信息按照不同的标准进行分类和打包处理。由于人工智能（AI）[1]的研究尚未达到实用水平，机器人目前还无法实现对网络信息的准确分类，从而会造成处理结果的精度和有效性不足。网络信息挖掘技术是数据挖掘技术在网络信息处理中的应用，它综合运用了人工智能、模式识别、神经网络等领域的各种技术，根据目标特征信息在网络上或者是在信息库中进行有目的的信息搜寻，并在大量训练样本的基础上，得到数据对象间的内在特征，可以作为依据，有目的地进行信息提取。根据挖掘对象不同，网络信息挖掘可以分为网络内容挖掘、网络结构挖掘和网络访问模式挖掘。网络信息挖掘技术具有采集动态网页的功能，可以自动辨别网页的内容，通过网站提供的查询接口对数据库中的信息进行阅读和分析整理，从而提取相关信息，并导入信息库。

☆ 网络信息过滤

评价开放存取信息资源采集系统性能的重要指标是采集率和精度，采集率指的是网页查全率，精度反映的是网页查准率。由于任何一个信息采集系统不可能采全所有网页，因此，提高精度就成为信息采集系统的追求目标。智能代理的网络信息过滤技术可以使用自动获得的领域模型和用户模型等对信息进行搜集、索引及过滤等处理，其中包括用户兴趣过滤和不良信息过滤等，并自动地将用户感兴趣

---

[1] 王志庚,汪东波.开放存取资源的管理与服务.国家图书馆学刊,2007(2).

的、对用户有用的信息提供给用户。智能代理还具有不断学习、适应信息和用户兴趣动态变化的功能,从而提供个性化的服务。

总之,开放存取运动要想获得更长远的发展,公共图书馆、高校图书馆和科研机构图书馆应该联合起来,认真研究开放存取资源的采集问题,制定出相关的政策和措施,从而促进开放存取运动的进一步发展。

1.2.6.3 积极推荐开放存取资源——揭示

图书馆在自己的主页上,将通过各种途径搜集到的开放资源的网址、较稳定的电子期刊的链接或引导,按本校学科的设置开辟网上"开放资源"专栏,并建立链接,提供给用户使用。还可以直接把网上的开放存取期刊、开放存取图书作为馆藏信息资源,编入本馆的馆藏目录。图书馆的主页不仅要成为引导读者利用本馆馆藏的窗口,更要成为介绍开放资源的窗口。国内外有些图书馆已经这样做了。如吉林大学图书馆在其主页上挂接了"免费学术网站",提供了一些开放资源网站和其他一些免费资源站点;台湾大学典藏数字化计划网站挂接了"Open Archives Initiative"专栏,提供了有关 OA 的整合性网站、OAI 相关文件、开放资源链接、专业化检索引擎等;另外像哈佛大学、华盛顿大学、密歇根大学、清华大学、宁波大学等都在图书馆主页上宣传和推荐开放资源,并对开放存取免费资源做了相关链接[1]。

★ **策略之一:图书馆以专题库方式揭示开放存取资源**

图书馆应将本机构或网络上有关专题的开放存取资源通过各种途径进行搜集,将这些物理上分散的资源进行合理整合,从而形成图书馆特色的学科资源库。图书馆可以结合各种学科热点门户网站,将已有的各学科领域的学科资源和开放存取资源进行全方位的综合、整理和揭示,从而便于读者通过这些网站和平台直接访问开放存取的学科资源库。河南省图书馆从 2008 年初开始建立了两个专题

---

[1] 邱燕燕.开放存取资源的组织和揭示.图书馆杂志,2007(6).

库——"河东文化研究"和"高教研究"。目前,他们利用数据库供应商提供的资源,已形成地方特色资源库。

★ 策略之二:建立具有特色的学科门户和机构知识库

既然高校等学术机构是学术信息的主要产生源,那么,图书馆就可以集成本校的优质信息资源,包括论文、科研报告、讲义、课题申请报告及优秀学位论文等,建立起机构知识库,再通过校园网或通过校际之间的协议,对读者开放。

★ 策略之三:通过OpenAPI实现数字开发存取资源的集成揭示

数字图书馆建设以分部式存在的系统为基础,系统的开放性是一个关键的因素,系统的融合使用程度直接影响应用系统的效果。目前的研究成果显示,在利用开放协议实现整合检索方面已经比较成熟,在关联集成、构建基于多分布系统的应用系统方面还有许多问题待解决:什么样的开放接口比较适合数字图书馆应用系统的构建、资源与服务调用的复杂程度和表示的自由度如何、如何利用互联网的便利条件等。本研究选择具有普遍关注度的基于OpenAPI的新型应用系统的构建模式进行尝试,以数字开放存取资源的集成揭示为实践主题,探索具有普遍应用意义的数字开发存取资源集成揭示解决方案。

①设计思路。通过OpenAPI关联异系统数字资源,在应用系统中从一个资源出发,自动给出与之相关的数字资源信息,并可以直接打开使用页面。选择书目检索系统为源系统,常用的数字资源为目标资源系统,包括电子书刊、随书光盘和书影等。

②OpenAPI封装。由于多数目标资源系统没有合适的OpenAPI接口(XML/JSON API),因此,首先设计出REST风格的OpenAPI请求与应答模版,与资源提供商合作,对通过特定条件调用资源的功能进行封装。

③OpenAPI调用。为获得良好的用户体验和可设计的显示格式,选择AJAX(Asynchronous JavaScript and XML)技术路线,通过

CGI技术解决跨域请求问题。其架构如下图所示。

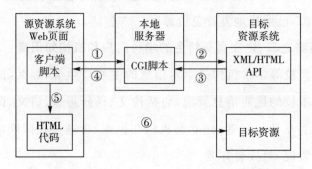

图1.1　异系统异步通讯数字资源集成框架

总之,OpenAPI在图书馆数字开放存取资源的集成揭示建设中有着很好的应用前景。但目前也存在诸多待解决的问题,如OpenAPI的质量直接影响应用系统的正确性,误检会造成关联匹配错误;OpenAPI的标准化还未形成,在应用系统开发中,有大量的技术力量耗费在对不同OpenAPI应答信息的解析上;还有各种权限控制问题等。基于OpenAPI的Web应用有望将数字图书馆服务提升到一个新高度。

1.2.6.4　积极开发、利用开放存取资源——开发、利用

图书馆可发挥自己特有的优势,针对本馆读者的需求有针对性的收集网络上的开放存取资源,将其补充到自己的馆藏数据库中,并对这些资源进行整理,以便于读者的查找和使用。同时,还可以将网上开放存取的期刊与图书馆订购的期刊进行比较、整合,将正在订购的与开放存取资源相重复的部分加以删减,以节省图书馆有限的订购经费。

随着开放存取运动的不断深入,开放存取资源的数量不断增长,其质量也不断提高。对图书馆而言,开放存取资源可以缓解图书馆的经费紧张问题,在短期内以比较经济的方式增加图书馆的馆藏、并使之保持可持续增长的态势。开放存取资源的开发与利用也有助于提高作者的影响力。

开放存取资源的开发与利用已引起了国内外图书馆界、学术界乃至政府机构的重视。如国际图联(ALA)、美国图书馆协会(ALA)、

美国大学与研究图书馆协会(ACRL)、美国图书馆与信息资源委员会(CLIR)、英国联合信息系统委员会(JISC)、美国国会图书馆、中国国家图书馆、清华大学图书馆、中国科学院、国家自然科学基金委、欧盟研究委员会(ERC)、澳大利亚研究委员会、丹麦国家研究委员会、哈佛大学、加州大学伯克利分校、诺丁汉大学等国内外知名机构已为此做出了努力。

★ **策略之一：建立机构资源库，并充分利用学科资源库和开放存取期刊**

①建立机构资源库，以网络方式出版、发布，并建立开放存取联盟。这样图书馆就扮演了出版者的角色，代替传统的出版商向图书馆外的机构和个人提供服务。机构资源库以机构为单位，对所涉及的各学科的资源进行集中统一的组织、保存和提供利用。从质量保障和资源管理的角度来看，机构资源库更便于图书馆集中管理、组织、长期保存开放存取资源。此外，支持机构资源库的开放软件系统已日渐发展成熟，大部分机构资源库都采用OAI-PMH协议的开放软件系统，实现了数据库之间的互操作和跨库检索。

②利用学科资源库。学科资源库涉及社会科学和自然科学各领域。图书馆根据自身的特点对收集到的与学科资源库相关的信息进行加工、整理后提供给读者，或在图书馆网页上对相关网站进行链接，以方便读者直接访问。

③利用开放存取期刊。图书馆要及时了解各学科开放获取期刊的现状、发展趋势。同时，将网上的开放存取期刊与图书馆订购的期刊进行比较，整合和删减现有馆藏期刊资源，以节省有限的书刊订购经费。通过各种渠道将开放获取期刊有的放矢地向科技界进行宣传，这样不但可以不花费或少花费，还可以在短时间内丰富图书馆的期刊馆藏，而且，也为图书馆开展多样化的信息服务创造了条件。

★ **策略之二：成为开放存取期刊的机构会员**

成为开放存取期刊机构会员是对这种新兴出版模式的支持，同时，图书馆的用户作为开放存取期刊的会员在开放存取期刊上发表作品,则能享受折扣待遇,降低了科研人员的论文出版成本。比如,美国约翰·霍普金斯大学为支持开放存取学术交流系统的发展,鼓励其研究人员作为机构会员加入了美国生物医学中心,这样该校师生向美国生物医学中心出版的期刊提交论文,就可以免交500美元的版面费。

★ **策略之三:建立 OA 资源的学科导航**

高校图书馆应以学科为单元,对分散于不同载体、分布于不同数据库的 OA 资源进行动态搜寻联结,建立分类目录式资源体系,并及时准确地在本馆的主页发布出来,建立相应的链接,为用户提供学科信息的引导和检索线索的导航服务,让相关学科领域的用户能以较快的速度了解本学科领域的发展趋势和前沿动态。

★ **策略之四:建立有效的 OA 资源审查、评价和监督机制**

建立馆藏 OA 资源审查的有效机制,使读者对馆藏 OA 资源的价值有更加清醒、合理的认识。图书馆应主动与著名学会、协会和出版商等机构合作,直接吸收优秀的编辑和相关学科领域的专家、学者对馆藏 OA 作品进行评审。建立 OA 资源的质量评价机制,经常性地对 OA 资源进行评价和监督,定期与各领域的专家及用户进行交流。综合评价后,把评价结果定期公布在网上。这样有利于促进 OA 资源的有效利用。

1.2.6.5 努力实现开放存取资源与馆藏资源的整合

第一,数字信息资源整合的必要性。

随着图书馆数字资源的不断增加,资源整合与重组问题亟待解决。分析目前数字资源及用户的使用情况,从数字资源本身来看,其内容交叉重复,存在着大量的冗余信息,而且知识关联程度较低,影响了用户的获取与利用。从技术角度来看,不同的数字资源系统之间数据结构不同、发布方式不同、检索方式也不同,用户需要在不同系统间来回切换,还需要掌握不同的检索方法。从用户角度来看,图书馆购置的大量数字资源如果都是以"孤岛"的形式存在,用户就必须分别进入到各个系统中查找资源,这些形式各异的资源在给用户提供丰富信息的同时,也带来检索上的不便。[1]用户希望通过统一的检索界面和统一的检索语言,方便快捷地检索到图书馆的所有分布式资源(书目、图像、音视频、档案资源、电子图书、电子期刊和会议录等),同时检索本地和异地的各种资源系统,希望图书馆提供一站式服务。因而,如果不对数字资源进行合理有效的整合,则会影响数字资源的有效利用。

数字资源整合是依据一定的需要,对各个相对独立的数字资源系统中的数据对象、功能结构及其互动关系进行融合、类聚和重组,从而组织成一个新的有机整体,形成一个效能更好、效率更高的新的数字资源体系。综合运用各种技术、方法和手段对图书馆所拥有的众多数字资源进行系统化和优化,目的是将所有的数字资源透明地、无缝地集成在一起,让用户在统一的检索界面中检索、浏览和使用所有数字化资源。资源整合实现了不同文献资源之间的沟通,保持了知识体系的完整性,数字资源的整合程度直接关系到其能否被用户高效吸收和利用。

理想的数字资源整合的目标是:提供所有数字资源的统一的检索界面;在一个集成的服务系统中,采用各种链接技术;保证用户的下载操作;有效管理和维护图书馆所有数字资源;充分展示通过图书馆可以利用的所有数字资源;提供定制个性化服务;有机地将现有的各个层次的服务整合在一个框架内。

第二,对"开放存取资源"进行整合的必要性。

当前,开放存取资源数量上的快速增长和类型上的多样化是对其进行整合的重要原因。1998年以来,开放存取运动蓬勃兴起,开放资源海量增加。[2]目前美国和欧洲国家已经启动许多大大小小的项目,主要通过创建开放存取仓储(Open Access Repositories)和开放存取期刊(Open Access Journals)两种途径来探索开放存取出版模式。不少国家的政府机构、科研机构、社团组织和图书馆等积极投身到开

---

[1] 马文峰.杜小勇.数字资源整合方式研究.图书情报工作,2006(5).
[2] 苏瑞兰.高校图书馆电子文献资源的利用.图书馆论坛,2006(4).

放存取运动中,使开放存取期刊越来越多,很多大学建立了自己的OA仓储。越来越多的研究者希望自己的资助机构接受OA出版模式。开放存取资源得到了空前的发展。但是,许多开放存取资源是分散存放在世界各地不同的服务器和网站上的,因此用户很难直接全面地检索到这些资源。而且无序的、未经整合的开放存取资源散落在浩如烟海的网络信息海洋中,对于读者来说,犹如一粒粒跌落大海的珠宝,虽然熠熠生辉,但要获取却无异于在大海里捞针。当代美国学者奈斯比特曾指出:"失去控制和组织的信息在信息社会里不再构成资源,相反,它成为信息工作者的敌人。"因此对当前海量增长的开放存取资源进行整合是十分必要的。

开放存取资源不仅仅包括期刊文章,还包括任何涉及研究的成果,如讲义、演示、计算机程序、模型、数据集合等,甚至包括所有知识载体,如博物馆藏品和档案存储软件等等。其类型可以说是五花八门,很多类型集文字、图形等于一身,生成方式各不相同,如ASCII、SGML、HTML、WORD、TEX、RTF、QUICK TIME等。面对庞杂的开放存取资源,以统一的、便于利用的标准来规范和控制这些网络信息,给人们提供有效的利用途径,实现对开放存取资源的高效管理,是信息用户当前的迫切需要,也是信息处理人员的神圣使命。

人们利用OA资源,无需支付任何费用,且用户可无障碍地阅读、下载、复制、分发、打印。开放存取资源中有些具有极高的学术价值,是图书馆服务教学、科研的重要的潜在资源。它不仅丰富了图书馆可利用的信息资源、节省了图书馆的文献购置经费,而且也降低了用户获取知识的成本。因此,发现、整理、整合开放存取资源,为用户提供方便的开放存取资源的获取方法与途径,对促进网上信息资源的利用,拓展图书馆用户服务空间,具有十分重要的现实意义。

第三,对"开放存取资源"进行整合的意义。

对开放存取资源的整合,应根据用户的需求,对分布于互联网上的开放存取资源进行收集、整理、加工、融合、聚类或重组,从而形成利用效率更高的新的信息资源体系。整合是对网上无序的开放存取资源进行筛选、重组，使之成为有序的信息资源系统。其整合的结果是为用户提供多种开放存取资源的获取途径，实现开放存取资源的高效传播与有效利用。由于互联网上开放存取资源的多样性、图书馆资源查询系统的多样性，以及用户利用文献方式的多样性，因此需要采取多种形式，使用多种方法对开放存取资源加以整合。就整合的内容而言，应包括开放存取图书、期刊、论文、工作文稿、科研数据、教学课件与多媒体资料等。就整合资源的布局看，应包括个人学术网站资源、机构型知识库资源、学科型知识库资源、国家型机构知识库资源，以及国际型机构知识库资源。就整合的形式而言，可将开放存取资源整合于图书馆的公共检索系统中，整合于学科导航服务系统之中，整合于专业学习平台中，整合于电子资源统一检索平台中；也可建立开放存取资源导航库，提供经过筛选的开放存取资源的导航服务。就整合的方法而言，可采用数据仓库整合方法、代理（Agent）整合方法等。整合开放存取资源的意义有以下几方面：

▲ 提升图书馆在信息交流中的地位

长期以来，图书馆一直将传播知识、进行学术交流作为己任。开放存取作为一种新的学术交流模式，它改变了传统的学术出版与交流模式，使所有人能够通过互联网自由、方便地利用人类的科学成果。图书馆可利用读者长期以来形成的信息资源获取习惯、自己从事信息资源开发与组织的优势，对分散于互联网上的无序学术资源进行整序化处理，以形成高效的资源集合系统，便于开放存取资源的发现、传播与利用，同时也可扩大图书馆自身在知识传播与学术交流中的作用与影响，从而找准自己在新的出版、交流与知识传播中的位置，拓宽图书馆服务的空间。

▲ 提高图书馆文献资源的购买能力

近年来，由于印刷型文献价格的不断增长，使得图书馆购买能力逐年下降。一项对美国期刊价格的调查表明，在过去的16年里，期刊的订购价格平均增长了9.5%。图书馆的订购经费的增长无论如何都赶不上文献量的增长,致使各高校图书馆的文献购买能力逐年下降,文献保障率逐年减弱。整合开放获取资源可将互联网已开放使用的信息资源纳入到图书馆馆藏资源建设上来,对原来购买的,现在可通过开放存取获得的资源,停止订购;对可满足学校教学、科研需要的开放存取资源进行整合,纳入图书馆资源保障体系,从而丰富图书馆的馆藏资源,这样无形中扩大了图书馆信息资源的储藏量,提高了图书馆信息资源的购买能力和保障能力。

▲ 实现对开放存取信息的快速获取

网络环境下,图书馆在信息社会中的核心作用是服务,有效的开发、组织开放存取资源是网络环境下进行信息服务的基础。图书馆通过对开放存取资源进行整合管理,可以使用户在任何地方、任何时间查询图书馆信息检索系统时都可以获取开放存取资源。这样可大大缩短信息的传递时间,拉近信息发布者与信息使用者的距离,加快信息交流的速度,提高开放存取资源的利用率,实现对开放存取信息的快速获取与利用。

第四,数字信息资源整合的原理。

数字资源整合不是简单的"库集合"和"库链接",而是依据一定的需求,通过中间技术(指数字资源无缝链接整合的软件系统),把不同来源的信息完全融合,使不同类型、不同格式的数字资源实现无缝链接。通过整合的数字资源系统,具有集成检索功能,是一种跨平台、跨数据库、跨内容的新型数字资源体系。数字资源整合要建立在知识组织的基础之上,以知识组织的原理为指导。知识组织是对知识的本质以及知识之间的关系进行有序揭示,主要利用面向对象数据库、数据仓库、数据挖掘与知识发现等技术,对异构数据对象内容进行整合,以实现不同资源系统间的资源共享。其目的是建立结构优化的知识库,提高知识的利用率,促进对知识的创新。知识组织强调系统化地处理和利用信息数据,发掘知识内涵。其形式主要是建立不同学科、行业的知识资源库和知识网络系统。它所提供的是具有规律性的信息及具有内在关联的信息链和知识链。以基于数字图书馆的资源整合方式为例,就是利用知识组织原理和技术,对不同渠道、不同类型、不同学科、不同形式的知识加以整合,按数字资源的逻辑关系,对资源进行分解、重组,按知识体系的关联性和整体性组织成立体网状、相互联系的知识体系,以实现数字资源的有效组织和共享。

第五,数字信息资源整合的方式。

数字资源一般包括数据库、联机数据库、光盘数据库、数据资源导航等类型。图书馆对数字资源的整合,包括对自建资源的整合和对引进资源的整合两大部分。现阶段数字资源整合的方法主要有基于OPAC的数字资源的整合、基于数字资源导航的整合、基于数字图书馆应用系统的整合、基于链接系统的数字资源整合、基于跨库检索系统的数字资源整合等方式。[1] 几种整合方式,有时可根据需要综合使用。

▲ 基于OPAC的数字资源的整合。

OPAC是图书馆重要的馆藏数字资源系统,对OPAC资源系统的整合是图书馆数字资源整合的最基本方式。目前主要有两种方法[2]:

一是通过执行Z39.50协议,聚合不同平台上的异构OPAC数据库,建立书目整合检索系统。如检索美国加州大学Melvyl书目系统,可在统一检索界面通过题名、精确题名、期刊题名、期刊精确题名、作者关键词、作者姓氏、作者机构、作者/题名、主题、关键词、ISBN、ISSN等途径,检索加州大学所有分校如伯克利分校、洛杉矶分校、圣地亚哥分校、旧金山分校、圣巴巴拉分校、莫斯德分校等14所分校图书馆,以及加州州立图书馆等机构的各种语言、各种形式的,如档案/手稿、视听资料、图书、计算机文档、会议、学位论文、政府文件、期刊、影像资料、电影、联机资源等的书目信息,而不需要在各分馆的OPAC界面间来回切换。

---

[1] 许萍华.丁申桃.数字资源整合目标与模式探讨.图书馆杂志,2005(5).
[2] 王云娣.网络开放存取的学术资源及其获取策略研究.中国图书馆学报,2006(2).

二是利用数据商提供的 MARC 数据,将数字资源导入 OPAC,形成实体和虚拟馆藏的书目整合检索系统。如使用 856 字段电子资源定位字段,揭示印刷型期刊的网络版 URL 地址,就可以定位在印刷型期刊 MARC 中 856 字段,实现两种版本的链接,然后通过本馆 OPAC 检索出印刷型期刊目录,点击该字段就可进入其电子版界面。

▲ 基于数字资源导航的整合

即通过数字资源的 URL 建立数字资源的导航系统,将数字资源的检索入口整合在一起,建立数字资源导航库,提供按资源的名称、关键词、资源标识等获取数字资源的途径。其功能主要是提供用户浏览与检索,并提供检索入口。可根据不同类型的数字资源,分别建立相应的资源导航系统,如电子期刊导航系统、电子版报纸导航系统、电子图书导航系统及数据库导航系统等。数字资源导航系统一般有字顺浏览、分类浏览和关键词浏览三个功能。用户利用这些功能可方便、快捷地检索到数字资源,根据提供的检索入口,检索到所需资源[1]。

▲ 基于数字图书馆应用系统的整合

在系统设计时,数字图书馆系统采用跨库技术建立资源整合的基础平台,从内容到结构重组数字资源,为用户提供对本地资源、网络资源及多个分布式、超大规模、具有互操作性的异构数据库群进行无缝链接的跨库检索服务,这是数字图书馆建设的主要目标之一。通过数字信息系统间的互操作、无缝交换和共享信息资源与服务,构建一个逻辑的集成信息服务机制,并按数字资源的逻辑关系组织成立体网状、相互联系的知识资源系统。

▲ 基于链接系统的数字资源整合方式

该方式也可称为"链接整合"方式。利用网络超文本链接特性,将文献的有关知识点链接起来,达到将有关的数字资源链接在一起,形成一个具有内在联系的有机整体,以便用户更方便地利用数字资源。要注意合理设置链接点,建立合理的数字资源的分类体系,重视

---

[1] 张岌秋.数字资源整合及检索初探.情报理论与实践,2005(6).

并加强引文链接。以国家知识基础设施(China National Knowledge Infrastructure,CNKI)的"知网节"为例:"知网节"是一篇文献与其相关文献的链接点,将文献按内容相关性链接成知识网络型数据库。链接的相关文献包括共引、同被引文献、读者推荐文献、相似文献、同导师、相关作者、相关机构文献等。"知网节"含有节点文献的题录或摘要,可集中显示文献的研究背景及文献的学术影响力。

▲ 基于跨库检索系统的数字资源整合

即建立异构数据库的统一检索平台,在同一个检索平台上,实现多数据库同时检索,会大大提高用户对信息资源的获取效率。如对检索界面进行整合,在统一的用户查询界面上,共享多个网络资源的索引技术与检索技术;建立一个代理检索界面来接受用户的检索查询请求,并把这些查询请求转换成相应数字资源的检索方法与查询语言,然后将各个资源系统返回的检索结果进行排序和整合,则会节省用户的大量时间,提高检索效率。对用户而言,这些异构数据库是透明的,用户所看到的只是一个简单明了的界面,不需要知道各数据库的不同的检索方法,避免了需要逐个登录数据库、输入检索条件的麻烦,使用方便、快捷,使用户觉得就像在使用一个数据库一样。[1] 以 Renardus 为例:Renardus 是信息社会技术项目、欧盟第五框架计划项目的组成部分,有来自丹麦、芬兰、德国、法国、瑞典、英国等七个国家的国家图书馆、研究中心及主题网关等机构参与,由荷兰国家图书馆负责协调工作。参与项目的 10 多个主题网关采用的分类体系不尽相同,主要有 DDC、LCC,以及专业分类法(如 E1 分类法)、本地网关自编的分类法(如荷兰基础分类法 BC、G6ttingen 联机分类法 GOK)等。项目的宗旨是开发集成式的网络信息资源门户,使用户通过一个单一界面,能够跨库浏览和检索遍布欧洲的分布式主题网关内的网络学术资源。其建立的门户网站选用 DDC 作为不同分类法的交换语言,将各个对象网关的分类法

---

[1] 李广建,汪语宇,张丽.数字资源整合的实现机制及关键技术.中国图书馆学报,2007(2).

映射到DDC上,并将信息资源按DDC的等级显示出来。通过点击DDC类目,相应显示出DDC类目映射其他资源体系中采用的分类法类目,选中类目便可链接到相应的资源。Renardus项目实现了基于DDC检索界面的跨库浏览。

第六,"开放存取资源"的整合模式。

▲ 基于图书馆检索系统的整合

①图书馆公共检索系统的整合。随着开放存取运动的不断深入发展,多种类型、多种系统、分散布局的开放资源不断增加,用户获取开放资源的途径与方法越来越多。由于开放存取资源数据库的建设采用不同的软件,因此给用户的检索与利用带来了许多麻烦。图书馆公共检索系统(OPAC)作为用户获取图书馆信息资源的切入点,对开放存取资源加以整合具有一定优势。首先,OPAC具有强大的资源基础,是用户获取图书馆各种文献的窗口。其次,OPAC系统通常是各种图书馆集成管理系统的子系统,它与读者数据库、流通管理数据库等相关联,可以方便地调用读者库数据,拥有最权威和最完整的读者信息资源,这为开放存取资源的利用及以后的个性化服务奠定了基础。第三,OPAC拥有成熟的用户需求群体,几十年的信息资源检索实践,已养就成了用户使用OPAC的习惯。最后,OPAC具有灵活的系统架构,它可以按照MARC著录条例添加各种著录字段,实现与开放存取资源的连接,也可以通过OpenURL技术,实现与图书馆OPAC的内嵌,从而获取开放存取资源。如"图1.2"[1]所示。在OPAC的整合模式下,用户需要的所有的开放存取资源与图书馆馆藏资源组织成一个整体,用户通过图书馆的OPAC,可"一站式"地获取所有的信息资源。用户得到信息资源的服务,不再有馆内资源与馆外资源、开放使用资源与受限使用资源、纸质资源与电子资源等等之分,而是将众多复杂的数据库、资源站点整合于一处,实现各种信息资源的有机结合,通过图书馆的

---

[1] 王云娣.网络开放存取的学术资源及其获取策略研究.中国图书馆学报,2006(2).

OPAC检索界面,提供各种信息资源的集成检索服务。

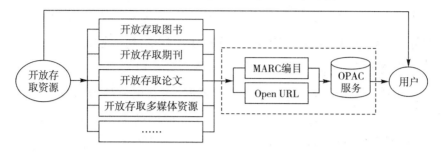

图1.2 基于OPAC的开放存取资源整合服务

②电子资源导航系统的整合。电子资源导航系统是针对近年来引进数据库中的电子期刊而开发的服务系统,目的是提供不同检索系统中电子期刊的统一检索服务,减少用户为查找一种期刊需登录多个数据库的麻烦,节省用户的时间。分布于世界各地各种机构知识库、学术出版社、开放存取站点中的开放存取期刊,作为电子期刊的一种特殊形式,可以按照电子资源导航系统加以整理与标引,实现商用电子期刊与开放存取电子期刊的融合,提供电子期刊的集成检索服务。如"图1.3"[1]所示。

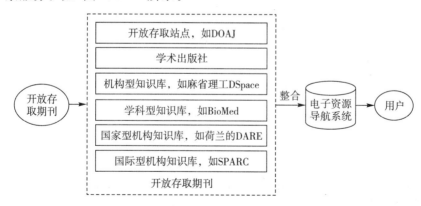

图1.3 基于电子资源导航系统的开放存取资源整合服务

在电子资源导航系统的整合模式下,需付费使用的商用电子期

---

[1] 李广建,汪语宇,张丽.数字资源整合的实现机制及关键技术.中国图书馆学报,2007(2).

刊与互联网中开放存取的免费电子期刊组成了一个逻辑整体,用户可对散布于不同数据库、机构库、出版机构的电子期刊,通过电子资源导航系统实现"一站式"检索,实现电子期刊的统一检索服务。

③跨库检索系统的整合。跨库检索系统是针对各种数据库中数据源在数据结构、检索机制等方面的不同,提高用户的检索效率而设计的检索系统。开放存取资源是散布于互联网的多个分布式异构数据源,通过跨库检索系统,对分布于互联网中的重要开放存取资源进行异构统一检索,完成与图书馆各种数字资源的整合,让用户能利用同一检索词对图书馆各种数字资源进行同步检索,提供不同数据库中同一主题资源一步到位的检索与查询服务。如"图1.4"[1]所示。

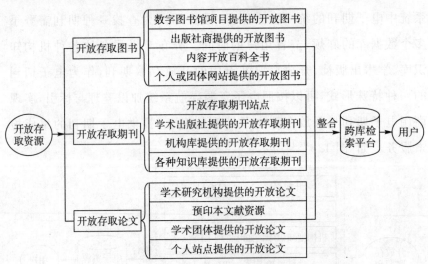

图1.4 基于跨库检索平台的开放存取资源整合服务

在跨库检索系统整合模式下,各种开放存取资源站通过图书馆的跨库检索平台,与图书馆的各种商用数字资源整合在一起,图书馆管理人员不必为开放存取站点数据的更新而烦恼,用户也不必为新资源能否及时使用而担忧,通过同一检索指令便可获取最新的开放存取资源。

---

〔1〕 李希明等.从信息孤岛的形成谈数字资源整合的作用.图书馆论坛,2003(6).

▲ 基于对口服务的资源站点整合

①专业知识学习站点的整合。专业知识学习站点是针对某一学科、专业,组织图书馆所有的信息资源,为专业用户提供某一学科或专业资源获取的服务平台。网络开放存取资源涉及的内容十分广泛,资源类型繁杂多样。可针对图书馆专业知识学习站点的建设需要,对开放存取资源进行挖掘,提炼出与专业知识学习站点相关的开放存取资源,并按照专业知识学习站点的建设需要进行整合,提供更具学科化、专业化的开放资源对口服务。见"图1.5"[1]。

图1.5 基于专业知识学习站点的开放存取资源整合服务

在专业知识学习站点的整合模式下,要求对开放存取资源按照学科或专业进行对口提炼,这需要图书馆馆员具有学科与专业化的知识背景,能够跟踪、分析、提炼与专业知识学习站点密切相关的开放存取专业资源,通过整合,使开放存取专业资源与图书馆资源融合于一处,实现开放存取专业资源与图书馆专业资源的无缝链接与服务。

②网络学科导航的整合。网络学科导航是指针对互联网良莠不齐的信息资源,以某一学科为单元,对网络信息资源进行搜集、筛选、分类、整理,以超媒体链的形式与互联网上所提供的信息文档相连接而建立的动态的、可检索的导航服务系统。开放存取资源作为网络信息资源的有机组成部分,理应对其进行分类与筛选,并与图书馆的网络学科导航相融合,提供基于网络学科导航服务系统的信息获取

---

[1] 马文峰,杜小勇.数字资源整合的发展趋势.图书情报工作,2007(7).

服务。见"图1.6"[1]。

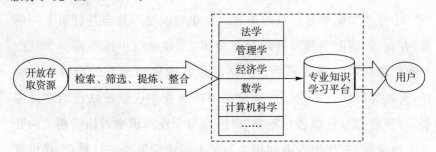

图1.6　基于网络学科导航系统的开放存取资源整合服务

基于网络学科导航的开放存取资源整合与基于专业知识学习站点的开放存取资源整合的不同处在于：首先，整合资源的对象不同，前者主要是对基于互联网信息资源的整合；而后者是对互联网资源与图书馆所有资源的整合。其次，整合的资源范围不同，前者是以不同学科为对象，将开放存取资源按照不同的学科对象进行整合，整合的学科范围较宽，学科多样；而后者是以单一学科或专业为研究对象，将开放获取资源按照学科专业站点的建设需要进行抽取、提炼，并与图书馆专业资源相融合。第三，整合的方法不同，前者以超媒体链的形式与开放存取资源文档相连接；而后者可对开放资源进行下载、存档、保存，将其作为图书馆专业信息资源的有机组成部分。对基于网络学科导航、专业知识学习站点的开放存取资源的整合，将开放存取资源按知识的学科性进行重新划分与归档，可提升开放存取资源的利用效率，丰富图书馆可利用的信息资源，进一步提升图书馆信息资源的保障能力。

▲ 提供开放存取资源自身的整合服务

目前，互联网上存有一定数量的开放存取资源，但用户对这些资源的认知程度还很低，因此加大对开放存取资源的开发与组织，建立开放存取资源导航服务系统，弥补目前图书馆普遍存在的信息资源

---

〔1〕　夏明春.基于Web2.的资源整合.情报科学，2007(12).

的短缺问题,具有非常重要的现实意义。见"图1.7"[1]。

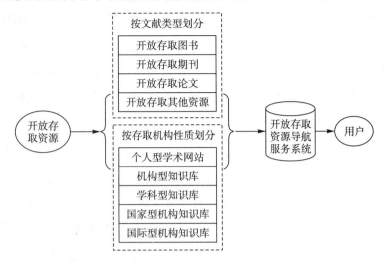

图1.7　基于开放存取资源本身的信息资源整合服务

对于网络开放存取资源的整合,可根据用户的使用习惯,从文献类型出发进行整合;也可根据开放存取学术资源机构的提供情况,依据开放机构的性质进行整合;还可以按开放存取资源的学科类型加以整合,最终提供给用户一个可多方获取的开放存取资源导航服务系统,以方便用户的利用。该种开放获取资源的整合模式,既可以单独进行,也可以全面整合开发,使开放存取资源渗透于图书馆信息服务系统的各个环节,与图书馆信息资源真正融为一体,以最大限度地被用户所利用。

第七,整合的策略。

为了让读者方便地使用开放存取资源,就必须对开放存取资源与图书馆馆藏资源进行有机整合。[2] 在开放存取的出版模式中,作者有选择非开放存取出版的权利,也有选择开放存取出版的权利,只要作者提交论文时遵守一定的协议(如CC),就可以在保留部分权利的同时实现论文内容的最大范围的传播。对读者(用户)而言,对开

---

〔1〕 马文峰,杜小勇.关于知识组织体系的若干理论问题.中国图书馆学报,2007(2).

〔2〕 夏明春.基于Web2.0的资源整合.情报科学,2007(12).

放存取资源的获取和使用几乎是没有约束的,所有开放存取资源可被任何人无限制地获取。开放存取出版模式以最简单的方式解决了复杂的版权限制问题。对图书馆而言,开放存取模式是扩充馆藏资源的非常有效的方式。根据用户需求广泛开展文献信息的收集、加工和整理工作,主动发现、识别开放存取资源,并将这些资源列入图书馆目录或数据库列表,建立多种类型的学科仓储和机构仓储,还可以对分散于不同载体、分布于不同数据库的开放存取资源进行动态搜索和联结,建立分类目录式资源组织体系,及时准确地在本馆的主页上发布出来,从而为用户提供学科信息的引导和检索的导航服务[1]。

★ **策略之一:加强开放资源与馆藏资源的整合工作**

高校图书馆要积极对 OA 资源与馆藏资源进行整合,既要加强对 OA 资源的开发利用,又要在丰富 OA 资源的基础上不断丰富具有本馆特色的文献信息资源,努力促进 OA 资源与馆藏资源的有效利用。每个图书馆可以根据自己的职责与特色,开发具有自己鲜明特点和服务优势的 OA 资源,一方面满足本馆读者对自己特色馆藏的需求,另一方面又能够通过因特网共享其他馆的特色馆藏,从而形成一个系统的文献资源共享网络。

★ **策略之二:每个高校图书馆要创办一种开放存取期刊,或建立一个存取仓库**

高校图书馆信息中心地位的巩固,离不开对开放资源及图书馆内部资源的有机整合。这也是保持高校图书馆信息资源中心地位、信息服务中心地位的要求。这种开放存取期刊或仓库可能名义上是高校创办的,但实际上是由图书馆来维护和管理的。BOAI 提出了实现开放存取的两种途径:开放存取期刊和自我存档。开放存取期刊与电子期刊在形式上没有太大的区别,根本的区别在于开放存取期刊的自由存取特点(尽管收录的文章也需要同行评审)。自我存档又称"OA 仓储"、"OA 文档库",它是指把用于共享的学术信息存放于某

---

[1] 马文峰,杜小勇.数字资源整合的发展趋势.图书情报工作,2007(7).

一服务器中,以供用户免费访问和使用,其时效性更强。高校图书馆参与开放存取运动,如果不创办一份开放存取期刊或者建立一个存取仓库,就不能说是真正实行了开放存取模式,最多只能说是配合而已。国家应制定相关政策,鼓励高校创办开放存取期刊或建立开放存取仓库。允许竞争,但不应当重复建设,同一个领域不宜有太多种开放存取期刊或太多个开放存取仓库,以免为读者增添麻烦。最好是建立图书馆联盟,分工协作,统一标准,统一技术,共同开发。

★ **策略之三:实现 OA 资源与馆藏资源的整合——利用资源共享平台**

实行开放存取模式,就要求对高校图书馆馆藏政策进行调整,要在版权资源和开放资源的种类、学科内容等方面进行协调与平衡。适应开放存取发展趋势,高校图书馆应当整合开放资源与馆藏资源,让开放资源与馆藏资源在图书馆工作人员的指引下,共同被读者利用。这也使得图书馆更有信心、更有能力在资金有限的情况下应对商业出版机构垄断学术出版市场的压力。目前,许多图书馆特别是大中型的高校图书馆,已经拥有较丰富的数字资源,但存在一个问题,就是每一个检索系统都有各自不同的检索界面、不同的使用方式、不同的身份认证、不同的资料属性,而且呈现的格式不一,这就使得用户无法一次获取各数据库的信息。这为开放存取资源与馆内资源的整合带来了困难,这一问题的解决,是整合高校图书馆开放资源与馆藏资源的关键。为了提高数字资源的利用效率,必须将分散的开放资源整合到一个知识库中,以进行集成化检索。图书馆可以利用国内外通用的资源共享平台,如清华同方、国家科学数字图书馆的 CNKI 网格资源共享平台、Cross Search 跨库集成检索系统等,将搜集到的 OA 资源与本馆数字资源进行整合。清华大学、南京大学等知名大学做出了努力,它们成功地解决了这一问题。清华大学图书馆推出"《中国知识资源总库》传播共享平台"、"清华同方电子资源统一检索平台"、"CNKI 网格资源共享平台",南京大学图书馆推出"一站式检索系统"。利用这些统一检索平台,可以将搜集到的开放存取资源与本馆的数字资源进行整合,达到多数据库同时检索、分数据库展示检索结果的目的。

在国际上较先进的集成系统,如 Endeavor Information Systems 公司的 ENCompass 和 ExLibris 公司的 MetaLib 及 Innovative 的 MAP 等系统都比较好用,不仅可以在集成检索界面上同时检索各种网络数字资源,也可以实现不同类型、不同层次资源之间的动态链接,还可以与原文传递、馆际互借等服务方式进行整合。

高校图书馆要随时留意国外出版商开放存取出版的动向,及时向本馆读者提供相应开放存取期刊的链接服务;作为国外出版商的客户,随着国外科学交流开放存取式的发展,国内图书馆都应充分利用开放存取资源和相关组织、机构提供的免费或低价资源,以补充馆藏之不足。这些做法都值得国内高校图书馆的重视。

★ **策略之四:实现开放资源与馆藏资源的整合——利用《中图法》**

为了提高开放存取资源的利用效益,必须将分散的资源进行有效的整合,将开放资源与馆藏资源整合在同一平台,进行集成化检索;利用检索平台,可以将搜索到的开放资源与本馆的数字资源进行整合,实现多数据库同时检索,分数据库显示结果的目标。目前,国内高校整合工作做得较好的有北京邮电大学图书馆的"开放获取"资源一站式检索平台,该平台利用《中图法》分类,建立了 18 个学科导航,将网上各类开放资源整合在同一平台上,又与馆藏资源进行了整合。中山大学图书馆也将馆藏的电子资源与免费的开放资源进行了整合,只是开放存取资源的数量相对较少。

★ **策略之五:从小处着手、进行特色化开放资源建设**

开放存取资源数量巨大,单个图书馆由于人力、物力、技术的限制,是无法全面搜集得到的,大部分高校图书馆对开放存取资源也只是做到简单的链接而已。建议各高校图书馆应该先从小处着手,根据自己学校的专业、学科特色进行特色化开放存取资源的建设。如中国农业大学图书馆就根据自己学校的专业和学科特色链接了"中国兽药信息免费数据库"、"中国农业科技基础数据信息库"、"联合国粮农组织统计数据库"等具有本校学科特色的开放存取资源,取得了较好的效果。

★ 策略之六：利用 OPAC 深层整合开放资源

图书馆可以根据本馆的性质和特点,以及现有的设备和技术等,结合用户的信息需求,对开放存取资源进行有效的重组和导航,使之有序化,为图书馆的用户查询信息提供便利。如利用读者最熟悉、最常用和使用最频繁的检索工具——OPAC 联机公共检索目录,在 OPAC 系统中对开放存取资源进行链接,以深层次揭示开放存取资源。还可以考虑在图书馆集成检索界面上实现开放存取资源与各种网络数字资源的同时检索、动态链接,以及与原文传递、馆际互借等服务方式进行整合,实现资源的完全整合。

第八,整合开放存取资源应注意的问题。

▲ 科学规划,系统整合。

对开放存取资源进行整合要进行科学合理的规划,要根据学校的性质、教学、科研与学科建设的发展需要、用户的需求制定出科学、系统、周密的建设目标和规划,明确整合的原则、整合的形式与内容,确定整合的标准和规范,以保证开放存取资源整合建设有条不紊地进行,确保学术性强、应用面广的信息资源能够被用户快速、有效地获取,提高对散布于互联网的开放获取资源的使用效率。

▲ 认真选择,控制质量。

要保证各个资源整合服务系统的服务质量,则开放存取资源的学术质量非常重要。尽管开放存取资源沿用了专家评审或同行评议制度,但面对众多的开放存取学术资源,图书馆必须要制定开放资源整合的选择标准,确保学术质量高、适用性强、利用价值高的开放资源被有效地整合,使学术价值高、影响力强的开放存取学术资源得以被开发和利用。

▲ 规范标准,实现共享。

开放存取资源的整合形式是多种多样的,因此在其整合的过程中必须遵循不同整合系统的标准与规范。同时面对分散异构、不断变化和开放的数字信息资源与服务环境,也应采用新的标准、规范体系,使不同类型的信息资源在不同的网络平台中能自由流动,以实现各分布式资源之间的互操作和信息的共享。

▲ 注意跟踪相关站点,保持整合系统的稳定与新颖。

网络开放存取资源是动态变化的。由于服务器的变更,常常会造成动态虚拟的开放资源的链接出现问题;又由于网络开放存取资源的增加,每天都有新的开放学术资源加入互联网。因此图书馆必须跟踪开放存取资源的变化情况,防止出现整合系统中的死链接或无效链接现象,以保持各整合系统开放存取资源的稳定与新颖,实现用户对开放存取资源的有效利用。

▲ 注意对系统的维护和更新。

通过对开放存取资源整合而建立起来的各种检索与服务系统,是用户获取开放资源最便捷的入口,因此要注意对各整合服务系统的更新和维护。要对开放存取数据及时进行修改、维护及更新,以保证各整合系统的正常使用。

开放存取资源在我国毕竟还处于刚刚发展的阶段,目前尚未形成开放存取资源的整合服务机制,因此,加大对开放存取资源的整合研究,对推动开放存取活动,保存和传播人类的文化成果具有非常重要的意义。

1.2.7 改变图书馆的服务观念,变革服务方式、服务手段,提高服务技能

在传统的版权制度授权模式下,图书馆对数字版权的使用受到权利人多方面的限制。如对图书馆打印、下载或发电子邮件作品(或部分作品)复制件的限制;对图书馆用户数量、所处位置、附属分支机构的限制;对图书馆行使馆际互借和提供资料的限制;对图书馆为保存版本而对作品进行复制的限制;对图书馆超过某一日期作品使用的限制;对图书馆馆际联网使用作品的限制;对图书馆数字作品出借或转让的限制;对作品进行引用、分析以及编目的限制等等。然而,《柏林声明》指出,在开放存取模式中,作者和版权人应承诺所有用户"有自由、一直、全球和永久使用其作品的权利",在承认作者身份的

条件下,为了任何负责任的目的,许可所有用户使用任何数字媒体,公开复制、使用、发行、传播和显示作品,制作和发行其派生作品。如果按照《布达佩斯开放存取先导计划》的要求,图书馆可以免费在公共网上得到文献,并且可以下载、打印、检索或者链接全文,还可以制作索引,把它们当成软件数据,或者为了其他合法目的使用,这些都不存在法律问题。这样就使得图书馆在版权控制下原本被压抑的服务热情、服务活力、服务智慧得到了激活,使技术优势得到发挥,使服务机制变得更加有效率。在这种情况下,图书馆不仅可以把原有的服务工作做深、做细,而且能开拓出许多新的服务方式。如在开放存取环境中,图书馆仍然要为用户提供综合性的定制服务,仍然可以为科研人员提供引文统计分析报告服务。又如,对开放资源的元数据注释非常重要,因为正确的注释可以提高开放资源的可用性。图书馆除了注释本馆的开放资源外,还可以把对其他开放资源的注释作为公共服务的一项内容。在开放存取环境下,图书馆要面对挑战、抓住机遇,积极推进开放存取运动的全面深入发展,促进图书馆事业的可持续发展。

★ **策略之一:改变图书馆的服务理念**

从服务理念来说,图书馆应该从被动为读者服务转向主动为读者服务,即主动向读者宣传推荐高质量的开放存取学术信息资源。学术信息开放存取是一种新兴的学术信息传播交流方式,很多科研人员对其不了解。针对这种情况,图书馆应该加强宣传和推荐工作。一方面,图书馆应该向科研人员宣传开放存取的基本知识,引导科研人员利用开放存取的学术资源;其次,从服务模式来看,图书馆应该强化网上图书馆的服务功能,以便将开放存取的学术信息资源提供给读者利用。具体来说,可以采取以下策略:一是图书馆可以在自己的网站主页上将通过各种途径搜集到的开放存取资源及图书馆建立的开放存取机构文库的资源分门别类地组织好,放置在"开放存取资源"栏目中,提供给用户使用;二是在网上图书馆的统一资源检索平台中将开放存取的资源纳入检索范围;三是在图书馆网页中提供个性化信息服务系统,以便按读者需求,采用电子邮件、手机短信、RSS等方式及时推送开放存取的学术信息资源。

★策略之二:变革图书馆服务方式、服务手段

开放存取是全新的学术出版模式,与传统学术交流模式有很大的不同。在新的形势下,图书馆工作人员的知识结构、素质要求、工作能力等都要有所改进。在开放存取环境下,读者虽可自由获取知识资料,但仍面临信息资源丰富,且时间有限,不能有效、快速地获取所需信息资源的问题。这正是图书馆员可以发挥作用的地方。因此,高校图书馆员就必须提高自身素质,学习了解开放存取模式,掌握开放存取环境下图书馆的服务技能,变革服务方式、服务手段,以满足师生的信息需求。

如前文所述,开放获取模式下读者可以直接从网上获取信息资源,对图书馆的依赖程度大大降低,所以图书馆如果不改变原来那种一成不变的管理方式和服务方式,就无法适应网络环境下以动态和开放为特征的服务模式,而终究被时代所淘汰。因此,必须革新图书馆的管理和服务方式。而在革新中,最重要的就是改变传统的被动服务做法,而为用户提供个性化服务及主动推送服务。图书馆可根据不同用户的特定需求或专业特征主动分析和跟踪用户的信息需求,利用数据挖掘、知识发现等技术对开放存取的信息资源进行深层次的分析和挖掘,从中提取出能满足用户特定需求的信息资源,并在适当的时候以各种方式主动推送到用户手中。将开放存取这一现代模式与现代服务理念和做法有机地结合起来,从而提高服务质量和服务档次。

★策略之三:提高服务技能

在开放存取信息环境下,图书馆只是读者获取各种信息过程中的一个环节;当开放存取方式普及时,用户将可以随意自由地获取公开的文献信息。此时,图书馆员在文献流通过程中所扮演的角色由中介角色逐渐向导航角色过渡,图书馆员并不只是拘泥于传统的借阅方式来满足读者的文献信息需求,而是要具备基于现代化文献信

息交流模式而开展读者服务的思想和理念。角色的转变也给图书馆员提出了新的技能要求,为使用户快速便捷地查找到需要的信息,图书馆员应将因特网上的开放存取资源加以集中,以用户熟悉的语言进行组织,再按学科编制索引,在图书馆网站主页上予以反映。这就要求图书馆员除掌握过硬的专业技能外,还要掌握网络信息的开发技术,掌握搜索引擎、网页制作、各种应用软件的操作方法。图书馆应该加强对工作人员的相关培训,以便更好地为读者服务。

★ 策略之四:图书馆员要转变服务观念、提高图书馆馆员素质

笔者对国内部分高校图书馆的调查表明:图书馆工作人员对于开放存取资源的陌生也是造成图书馆开放存取资源较少被利用的原因之一。目前开放存取资源的研究与推广在我国还处于起步阶段,大部分人还不了解。但是高校图书馆工作人员作为开放资源的宣传者和推广者,应该加强学习,提高自身的信息素质能力,加强对开放存取资源的了解和学习,能熟练地掌握网络开放资源的分布情况及变化发展趋势,只有这样才能有效地指导、帮助读者利用开放存取资源。

为读者提供专业性的学术信息资源的OA资源服务,就要求图书馆员更新和调整知识结构,既要掌握图书情报方面的专业知识,也要具备某一个或多个学科专业的知识。从需要学习的知识方面来看,对于图书情报专业出身或其他专业出身的馆员,需要加强学习OA和各专业学科等知识或图书情报专业方面的知识。从学习方式来看,图书馆可派馆员外出进修,也可鼓励馆员读在职研究生。同时,图书馆也可通过请专家做专题讲座、在馆内营造互相学习的氛围等方式,使图书馆员的知识结构得到相应的更新和调整。

★ 策略之五:加强馆员培训、大力提高馆员的信息素质

在OA环境下对数字化信息收集、整理、加工和传播的图书馆员,必须具备很高的信息素质。特别是应熟练掌握现代信息技术及网络信息资源的开发技术,如Web挖掘技术、组织技术、管理技术和较高的信息加工处理能力,具备较强的对开放存取学术信息的研究、开

发、整理、分析和组织能力,成为出色的 OA 信息导航员、协调员、管理员。

1.2.8 开发、引进新技术

从图书馆层面来看,开放存取的技术问题是制约开放资源建设的瓶颈。国外一些图书馆在开放存取模式中,开展了不同于传统技术线路的尝试活动。如俄亥俄州立大学健康学院 Ariel 馆际互借文献传递系统的补充软件 Prospero,它将 Ariel 换为网页文献。选择以开放资源为主导的技术路线,可以有效摆脱版权的干扰,使图书馆接触到开放存取的核心技术。在技术研发方面,国内图书馆与国外图书馆相比有较大的差距。目前,国内图书馆仅停留在对开放存取资源的介绍、链接、开发与整合研究上,对于开放存取技术的研究较少。因此,我国图书馆界必须加大对开放资源的技术研究,以促进我国开放存取资源建设迈上新台阶。

★ 策略:加强开放存取的技术研究,推进开放存取资源的建设力度

加强对 OA 技术的研究,包括对基于 OAI 的开放元数据机制、基于 DOI 的永久保存与利用的机制、基于搜索引擎的开放存取机制、基于 Web server 的开放存取机制等技术的研究。2004 年初,OCLC 发表了一篇题为《2003 年 OCLC 环境扫描:模式识别》的报告,该报告全面反映了现代信息技术的最新成果及其在图书馆的应用实践情况。这篇报告向人们传递了这样一条重要信息:开放源代码和开放存取运动等信息的应用将迫使图书馆对传统的技术路线进行重新思考。因此,在未来的几年里,元数据和内容标准将继续朝着以 XML 框架及与之相关的技术环境方向发展。开放存取模式的主要技术研究有[1]:

▲ 元数据技术

虽然开放存取运动发展迅速,但目前并没有一个全面而简捷的

---

[1] Monica Blake. Open-access Biology Journal From PloS. The Electronic Library,2009(4).

方式来集成检索开放存取资源,也没有一种有效的方式对其进行科学组织,这就有必要建设开放存取条件下的科学服务体系,以实现信息的有效增值和利用。具体来讲,就是利用元数据来整合资源系统,通过网络客户端管理系统推动个性化服务的开展,通过对元数据和对象数据的利用等用户行为的统计分析,提供多项增值服务。

▲ 互操作技术

为了促进OA资源的有效交流和共享,高校图书馆必须要采用一个标准协议来解决资源的互操作和标准化问题。OAI-PMH(元数据收割协议)基于http协议,适合OA这种新的学术沟通与交流模式,是一个可以很好地解决元数据共享和互操作性的协议,是图书馆解决OA资源互操作问题的最佳选择。从网络技术上讲,OAI采用http协议作为基础平台,降低了OAI开发工作的难度;从协议内容上讲,OAI-PMH协议只规定了有限的几个核心功能,规范和语法都十分简单,使得对OAI-PMH的开发变得十分容易。采用http及XML之开放性标准,就使得OAI服务很容易与因特网相结合,从而利用因特网这个大的信息平台进行信息的交互与共享。另一方面,由于OAI采用XML来描述信息,因此OAI所提供的信息是结构化的信息,它具有规范、严格、自解释的特点,有利于信息的处理和利用,并可以方便地进行二次开发。

▲ 数字资源长期保存技术

图书馆拥有专业化和系统化的馆藏、高素质的专业队伍、丰富的信息组织经验和基础网络平台。因此图书馆作为一个信息资源保存的主要机构,有能力也有义务成为开放存取资源资源长期保存的主要机构。图书馆作为信息服务机构,从资源收集的角度看,创建机构资源库是简单易行的方法。图书馆在建立了机构资源库后,就应该承担起各自机构资源库的维护任务,对其所拥有的开放存取资源进行长期保存。

图书馆主要采用以下数字资源长期保存技术:①技术保存。对用于产生和存取信息的原始软件和硬件进行保存。②技术仿真。按照仿真模拟的原则设计新一代的计算机系统,使其兼容原有的计算机平台和操作系统。③数字信息迁移。适时迁移是根据软件、硬件的发展将数字资源迁移到不同的软件或硬件环境下,从而保证数字资源可以在发展的环境中被识别、使用和检索。迁移是目前实际运行中使用得比较成熟和频繁的方法,而仿真技术却是发展趋势。

1.3 总结

虽然目前开放存取资源的研究在我国还处于起步阶段,我国自创的开放存取资源还比较少,我国高校图书馆建设、利用开放存取资源的现状也不甚理想,但开放存取毕竟是一个新生事物,也不是仅凭某个图书馆的一己之力能够实现的,需要政府的大力扶持与多方面合作。然而开放存取的时代毕竟来临,它必然对图书馆造成冲击,尤其是对高校图书馆的工作重心——资源建设工作提出了挑战,同时也带来了新的历史机遇。面对挑战与机遇,图书馆应该抓住机遇,寻找变革的方向。正如秦珂所说:"无论是开放存取理念,还是其运作方法,都对以信息收藏和开发为重心的图书馆工作形成了冲击。从另外的角度认识,与其说开放存取向图书馆提出了新的挑战,不如说图书馆又迎来了重塑社会形象、开拓服务领域、变革管理机制的新的发展机遇。"

"开放存取"将会对高校图书馆的哪些工作产生深远的影响呢?高校图书馆应采取怎样的发展策略呢?下文将详细介绍。

2 开放存取对高校图书馆信息传播方式的影响及图书馆的发展策略

2.1 图书馆信息传播方式——拉斯韦尔的 5W 传播模式

在传统的纸质环境中,图书馆在整个信息传播过程中起着枢纽的作用,它通过对文献资源进行收集、储存、分配、传递、流通,从而为用户提供信息检索、传递和利用服务。

拉斯韦尔的 5W 传播模式指出,信息传播过程由以下 5 个基本元素组成:传播者(Who)、传播的信息内容(Says What)、传播渠道(In Which Channel)、受众(To Whom)、效果(With What Effects)。图书馆的文献信息传播服务,也相应有 5 个基本要求[1]:

图书馆工作人员担负着文献信息的收集、加工和传递的任务,他指导读者准确、快速、全面的查找文献信息,发挥文献信息导航员的作用。馆藏文献是图书馆文献信息传播的内容。图书馆馆藏包括印刷型文献、缩微和视听文献,以及电子出版物、网络信息资料等。

传播渠道是信息传递过程中必需经过的中介或借助的物质载体。图书馆的传播渠道有:传统服务渠道,即利用开架方式,让读者进入图书馆流通库及阅览室,自主选择。另外还有针对重点科研、教学课题而开展的各种特色服务,如专题服务、定题服务和跟踪服务等。网络服务,即购买各种数据库资源的使用权限,如购买中国期刊网、维普中文期刊全文数据库、万方数据库、超星电子图书等中文数

---

[1] 沙勇忠.图书馆传播效果初论.图书馆建设,1994(2).

据库,以及 SCIE,CSA,BIOSIS Previews,OCLC,ProQuest,Springer, Elsevier SDOS,EBSCO,IEEE/IEE,Wiley 等外文数据库的使用权限,读者利用电脑和网络就可以进行查询[1]。

学生和教师是高校图书馆的主要服务对象。"效果"是信息到达受众后,在其认知、情感、行为各层面所引起的反应,它是检验传播活动是否成功的重要尺度。图书馆文献信息传播的效果表现为读者在吸取知识营养后所创造的新成果。如师生们通过阅读文献信息资料,拓宽了知识面,提高了自身修养和理论水平等。

2.2 开放存取对高校图书馆信息传播方式的影响

2.2.1 开放存取运动中高校图书馆传播方式的转变

图书馆作为学术信息传播的重要机构,在网络环境中面临着新的问题。一方面,受经费、技术条件、信息发布渠道多样化等因素的影响,图书馆保存学术信息的难度增大;另一方面,图书馆不再是唯一向终端用户提供学术信息的机构,出版商、发行商、文摘索引商、检索服务商都改变了传统角色,开始直接向终端用户提供信息服务,因此,图书馆在学术信息传播过程中的作用受到了巨大冲击。

开放存取运动突破了文献信息的价格与使用的限制,促使科学成果实现无障碍传播,这缓解了图书馆因书刊价格上涨、经费缩减而导致的困难。在开放存取运动的影响下,图书馆既有的运作模式也要随之做出相应的转变。

下面结合拉斯韦尔传播模式,引入"前馈"概念,对高校图书馆传播方式的转变进行分析[2]。

---

[1] 杨美珍.网络环境下高校图书馆文献信息传播模式探讨.上海高校图书情报学刊,2005(4).

[2] 张清菊.学术资源开放存取概述.现代情报,2007(5).

2.2.2 对高校图书馆员——传播者(Who)的影响

在传统的文献信息传播中,图书馆员是特殊身份的传播者,他(她)不直接参与文献信息的创造过程,而作为文献信息的收集者对文献信息资源进行把关。文献资源以何种载体形式、何时、副本多少纳入馆藏,分配到哪个馆藏库,图书馆员的把关作用在这个环节里凸显。在开放存取环境下,高校图书馆员主要是对数字化信息进行加工处理。作为信息的加工和传播者,图书馆员必须具备相应的信息素质,才能满足读者的需求。开放存取资源往往具有很强的专业性,图书馆员要兼备各个专业的具体知识,才能正确分析、判断开放存取信息的质量及其利用价值。所以在开放存取环境下,图书馆员的知识结构要调整,应推广学科馆员制度,才能推动高校图书馆信息服务工作的可持续发展。

2.2.3 充分开发利用开放存取信息资源——传播内容(What)

由于经费和其他各种原因的限制,国内高校图书馆都存在外文期刊文献的拥有量不能充分满足读者的需要的问题,而开放存取文献就能弥补图书馆在这一方面的不足,能为读者提供全面而及时的国外学术文献资料。

在开放存取环境下,读者对信息享有较为充分的访问权、获取权和使用权,信息获取的途径多种多样,减少了读者对图书馆资源的依赖程度,这给图书馆的传统传播模式带来了前所未有的冲击。

同时,基于开放存取环境下的信息共享空间为高校图书馆最终实现资源共享也提供了新途径。在开放存取环境中,文献信息资源可被用户自由和免费获取,这为实现资源共享提供了便利条件。[1]据统计,全世界发行的学术期刊中约 21 000 种为经过同行评阅、审稿的高质量期刊,而其中的 6%(约 1 200 种)现已成为开放访问期刊。

---

[1] 肖冬梅.开放存取运动缘何蓬勃兴起.图书情报工作,2006(5).

高校图书馆可投入力量,开发利用这一部分宝贵的资源,以补充、扩大自己的馆藏。同时,高校图书馆目前所有订阅的电子期刊因出版商的要求而存在用户访问权限限制问题,且大多数以用户上网计算机的 IP 地址控制访问权,因而限制了图书馆无法随时随地向其所有读者提供电子期刊的访问服务。开放存取从根本上解决了这一问题,高校图书馆应采集、整理和存储网络开放信息资源,以此来充实、扩展其馆藏资源。但开放信息资源分散,需要经过一定的搜集和组织,从而将其转化为较为系统和易用的资源。

2.2.4 对文献信息的传播技术、传播途径(With Which Channel)的影响

开放存取模式减少了高校读者对图书馆服务的依赖性,这将迫使高校图书馆改进传统的服务理念和技术。选择以使用开放存取资源为主导的技术路线,可以有效地摆脱版权的干扰,使高校图书馆接触到核心技术。高校图书馆应确立技术开发的主体意识,把技术开发同图书馆员的专业知识结合起来,从而提高技术的实用性。

2.2.5 读者/受众(To Whom)既是传播者又是受众

开放存取与传统的文献信息出版、流通方式有很大的不同。在开放存取模式中,读者既是接受者又是传播者。开放存取模式建立的网络物理链接,易于使用、收费合理,能提供完整的信息资源。网络使用不局限于信息的被动链接,构造了开放、分散和易于漫游的网络环境。在这种环境下,用户既是信源又是信宿。网络信息环境中的"存取"不仅是指通过网络与信息资源提供商相连,还是指用户能有效查找、检索和利用各种计算机信息系统,而获取信息的能力。

2.2.6 传播效果(With What Effects)

开放存取模式的最突出的优势就是突破了价格与使用的限制,促使学术成果实现无障碍传播。

目前我国还缺乏正规的有关开放存取模式的法律法规,现行的学术评价机制对开放存取运动还有一定的阻滞作用。另外还有开放

存取平台运行的经费问题、文章质量问题、知识产权保护问题,以及社会对开放存取的认知、知识存档等问题。从中国的国情和科学发展实际来看,开放存取、建立新的学术交流模式是必然趋势。

2.3 开放存取环境下高校图书馆信息传播策略

高校图书馆应宣传推广"开放存取"理念,以读者需求为导向,积极开展主动服务。

管理信息系统常引用"前馈控制"概念,它期望以此防止问题的发生,而不是当出现问题时再补救。采用前馈控制的关键是要在实际问题发生之前就采取控制行动。高校图书馆应基于开放存取的理念,引入前馈观念,以读者为中心,以满足读者文献信息需求为目标,融入开放存取运动之中[1]。

开放存取活动作为一种新型学术交流和出版模式,其目的是自由、平等、公正、无障碍地获得学术信息,这与图书馆的保存、继承、传播先进的人类精神文明成果的宗旨是相同的。图书馆以讲座、展览、网站等形式,使科研人员了解和接受开放存取运作模式的优点;对较有影响的开放存取(期刊)进行收集、整理、揭示,建立本馆特色的导航库;对各种开放存取资源进行评价、分析、整合等,以指导读者利用信息资源;利用开放存取资源深化科技查新、定题服务、科研检索等服务工作;建立本校特色的学科门户和机构知识库,集成本校的优质稿源,包括师生的论文、讲义、科研报告、申请课题、学术总结等,从而为师生提供更好的服务。

★ **策略之一:建立开放资源信息库**

图书馆应根据高校的学科范围确定一定的信息收集范围,对有关的开放信息资源(如网上开放出版物)进行搜集、选择和存储,建立与本校学科相关的开放信息资源库。

---

[1] 陈吟月.学术资源开放存取的策略研究.图书馆,2007(1).

★ 策略之二：建立开放资源导航库

开放资源导航服务要把与图书馆服务对象的专业相近的开放资源网站，如开放学术期刊、开放仓储等分类组织链接到图书馆主页上，以供读者快捷地登录。高校图书馆是支持开放存取模式发展的主要力量之一，应鼓励所在机构的研究人员将科研成果以标准的文档格式上传，并允许免费查询，使研究人员可以及时、方便、快捷地获取所需要的信息。

3 开放存取对高校图书馆信息资源建设与服务的影响及图书馆的对策

开放存取信息服务模式是当今社会信息量剧增、信息流通迅速催生出的一种新型服务方式，有利于信息的传递与共享。高校图书馆作为高校学术文献查阅、学术成果展示和学术活动交流的一个平台，许多现实需求都契合了开放存取式的信息沟通特点。因此，我国高校图书馆应该改革信息服务的结构和方式，将开放存取的优势与学校自身的特点有机结合起来，对信息资源进行系统整合，并构建开放信息服务平台，从整体上提高高校图书馆的信息服务质量。由于开放存取服务模式的特点与优势顺应了时代和社会发展的趋势与要求，因此，其在高校图书馆的信息服务发展过程中一定会起到极为重要的作用。而开放存取模式为解决经费紧张、服务效率低下、缺乏人性化服务意识、资源整合不利等问题提供了全新的理念，对于高校图书馆信息服务的发展有着极为重要的意义。当然，这种模式在实践过程中一定会遇到各种问题，但是这并不影响开放存取信息服务模式的发展。

3.1 开放存取对高校图书馆信息资源建设的影响

图书馆的信息资源建设主要包括信息资源的选择、收集、组织、管理等几个方面。开放存取资源的出现对传统的信息资源建设产生了冲击。

图书馆的信息资源建设大都是以商品化资源为对象的，而这种信息资源发展政策的实施受到垄断出版模式的制约，图书馆在高价的出版物面前往往实现不了资源发展的既定目标。开放存取模式将使图书馆获得大量的免费信息资源,因此必须对馆藏发展政策做出调整,在版权资源和开放资源的种类、学科、内容等方面实现协调与平衡。

3.1.1 对高校图书馆的信息资源中心地位的影响

高校图书馆的资源优势确立了其在高校的信息中心地位。但在开放存取模式下,读者可利用游离于图书馆馆藏之外的采用开放存取形式的其他资源,这样就无异于减少了读者对图书馆资源的依赖程度。这是开放存取模式对图书馆的最直接的挑战。

3.1.2 对高校图书馆资源建设理念的影响

对用户免费、无限制的使用及资源共享是OA资源与传统资源的主要区别。对于图书馆来说,OA资源为图书馆资源建设提供了充足的资源。图书馆在使用OA资源的时候不用考虑使用传统资源时遇到的许可权限等问题,消除了学术信息资源存取过程中的障碍。图书馆可以不再仅仅依靠传统的出版机构获取资源,还可以通过开放存取模式获取大量的资源。这也是在开放存取环境中图书馆资源建设的较重要的方式之一。图书馆的馆藏将从根据用户的潜在需求收集资料,转化为根据用户的实际需求提供信息。

3.1.3 对高校图书馆信息服务中心地位的影响

在开放存取形式下,用户利用现代技术获取信息资源,从而减少了高校读者对图书馆服务的依赖性。开放存取资源的客观存在,使得读者利用资源的范围增加,而图书馆提供给读者的资源范围缩小,这在客观上导致了图书馆部分读者的流失,削弱了图书馆的信息服务中心的地位。

3.1.4 对高校图书馆信息资源建设经费的影响

传统学术交流系统中的图书馆主要依靠学术期刊市场获取学术

信息。学术期刊市场的特殊性在于：决定期刊高昂价格的根本原因不是生产成本和供求关系，而是市场的最大承受能力；为学术信息付费的是图书馆而不是最终用户。用户希望图书馆能提供他们需要的所有资源，但出版商对学术期刊价格的绝对控制权及图书馆的经济依赖性，使图书馆无法完全满足用户的愿望，这就使图书馆遭遇了"经费危机"。

据不完全统计，我国高校图书馆的期刊采访费用一般占图书馆全年整体支出费用的10%~15%左右。在2000年后，国内平均期刊价格涨幅约为86%，而高校图书馆的期刊订购费的涨幅比20世纪90年代同期只增加了9%。且不少学术图书馆还出现期刊订购减少的现象，如北京市社科院图书馆已有多年未购进任何外文原版书刊[1]。期刊价格的上涨，使一些学校放弃了一些资源的订阅，这严重影响了图书馆信息服务的质量，不能最大限度地满足读者的需求。OA出版方式为图书馆提供了更多的免费信息源，使得图书馆可以取消部分传统期刊的订购，减少有关价格和许可条件的谈判工作，从而节省经费。

3.1.5 对高校图书馆信息资源建设工作人员的影响

传统环境下，图书馆工作人员在进行信息资源建设时，重复着选书—买书—整理书的劳动，工作效率低，无法更好地满足用户的需求。新的环境下用户需求已经发生了变化。如"图3.1"[2]所示。

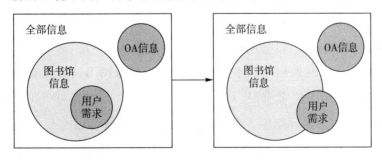

图3.1 用户信息需求转变图

---

[1] 郑晓雯.开放存取对图书馆资源建设的影响.江西图书馆学刊,2007(1).
[2] 张淼.OA环境下学术图书馆发展研究.河北大学硕士学位论文,2006.

要想使图书馆能够尽量满足用户的信息需求,图书馆工作人员就必须在整合传统资源的过程中整合OA资源。在开放存取模式下,要求工作人员具备相应的计算机知识、娴熟的信息检索技巧、精深的专业知识,以及准确的分析能力。可以看出,开放存取这种崭新的模式在一定程度上减少了体力劳动,却对脑力劳动提出了更高的要求。

▲ 开放存取可以为信息共享提供可行性平台。

基于开放存取环境下的信息共享模式为高校图书馆最终实现资源共享提供了一条新的途径。目前,资源共享是图书馆界讨论的一个热门话题,但由于体制的原因和各种利益的冲突,还没有找到一个行之有效的实现模式。但在开放存取环境下,由于开放存取文献资源的可自由和免费获取,为实现资源共享提供了便利条件,从而避免了许多利益冲突。大型图书馆可保存主要的OA资源,小型图书馆可保存次要的OA资源。同时各馆在开放存取资源建设上可以根据本馆的特点,准确定位,集中优势,形成特色信息资源,并保证其具有系统性、新颖性、权威性和长期性,然后通过网络与其他图书馆实现共享,从而形成一个完整的信息资源共建共享体系[1]。

▲ 开放存取可以弥补外文期刊文献不足的现状。

据统计,目前我国高校图书馆期刊采购费用一般占到了图书馆全年经费的10%~15%左右。由于经费和其他各种原因的限制,外文期刊的文献拥有量不能充分满足读者的需要。可喜的是国外的开放存取出版已经形成了一定的规模,其中不乏丰富的和有价值的文献资料,这些资源可以弥补图书馆在这一方面的不足,从而能为读者提供全面而及时的国外学术文献资料[2]。比如图书馆并没有购买外文类期刊,由于资金有限、利用率不高等原因,在购买CNKI数据库时也不包含外文数据库。鉴于这种情况,我们就可以充分利用国外优秀的OA期刊。但关键是需要提供方便的检索平台。如清华大学

---

[1] 盛慧,余克萍.我国开放存取的发展现状及应对策略.情报探索,2008(6).
[2] 江小云,谭芳兰.开放存取环境下图书馆外刊资源建设.江西图书馆学刊,2008(2).

图书馆网站在电子资源栏目下设有"推荐学术站点",不但推荐一些实用的网上免费的学术资源链接,还设有"开放存取资源汇总",包含开放获取期刊、开放获取机构库、预印本系统,每个链接下面都有该站点的成长历史、学科范围和其所提供服务项目的简要介绍。[1] 例如,由瑞典 Lund 大学图书馆创建和维护的开放存取期刊列表 DOAJ,是目前最大的 OA 期刊源,是覆盖所有学科、所有语种,且经过同行评议的高质量的开放存取期刊。根据各高等院校的专业特色和图书馆的馆藏实际,将这些优秀的站点进行收录与整合,至少可以改善图书馆外文文献缺乏的现状。

▲ 提供信息资源服务、宣传和推广开放存取运动——推送服务

学科馆员或参考咨询馆员可以根据读者的特定研究需求,把掌握的开放存取资源定期发送给读者,实行推送服务。一方面,可以完善图书馆信息服务内容;另一方面,还可以起到宣传推广开放存取模式的目的。我们知道预印本由于是投稿前的版本,作者对文章拥有版权,存储预印本不需要经过任何人的同意。国外的电子预印本系统,如 E-print-arXiv 每月新增的文献量在 3 000 篇以上。相比之下我国的电子预印本系统每月增加的文献数量少得可怜[2]。用户的"开放存取"观念淡薄、主动提交自己研究成果的意识不强是制约我国电子预印本系统发展的主要瓶颈。因此图书馆应通过开展服务来宣传开放存取的优点,让读者接受开放存取的理念,使更多的教学和科研人员在开放存取中受益的同时,将自己的研究论文在机构知识库或学科知识库中存档,供公众共享,并允许免费查询,使人们可以及时、方便、快捷地获取所需要的信息,从而推动我国开放存取运动的发展。

---

〔1〕 宋天华,李春海.开放资源环境下高校图书馆发展探讨.图书馆研究与工作,2008(3).

〔2〕 刘畅,肖希明.开放存取期刊与图书馆信息资源建设.高校图书馆工作,2007(6).

3.2 开放存取对高校图书馆信息服务的影响

3.2.1 高校图书馆信息服务的发展现状

▲ 呈现出不同级别的发展状态

我国高校图书馆信息服务模式的发展因各高校自身的发展状况不同而存在着一定的差异。具体来讲,首先在信息存储容量方面有着明显的差异。不同层次的高校图书馆有着质和量两个方面的差距。服务发展较好的都是那些学校综合实力排名靠前的综合性大学,北京大学图书馆、清华大学图书馆、吉林大学图书馆、浙江大学图书馆、上海交通大学图书馆及华中科技大学图书馆等在这方面做得非常好,存储了大量的中外文献,并且形成和保持了自己的优势和特色。许多高校图书馆的电子信息存储量极为有限,甚至连基本的电子期刊都不全。

▲ 形成了各自的优势和特色

高校作为科学文化的重要产出与积累场所,在长期的发展过程中,自身的学科设置和专业发展有着历史的积淀和发展特色。例如北京师范大学图书馆的信息存储中,教育类的信息比较丰富且有权威性。而中国人民大学图书馆收藏的经济学和法学领域的内容则具有优势,并形成特色。在工程技术方面,上海交通大学和清华大学图书馆保存了大量的相关文献资料。这些优势既是各高校知识创新的源泉,也是高校图书馆特色资源的象征,代表着高校图书馆的一定的竞争力。[1]

▲ 体制建设和技术革新还存在许多问题

首先,信息整合不完善。信息整合是当前我国高校图书馆开放存取模式发展亟待解决的问题。各高校信息存储的形式存在着各种各样的差别,需要建立一种兼容的信息存储模式,以进行信息资源的

---

[1] 陈振英,何小军,陈益君.开放存取在中国的困境及对策分析.大学图书馆学报,2008(2).

整合,真正实现全国范围内的信息流通。另外信息检索和导航系统也存在着类似的问题,对信息服务的方式和人员协调方面也需要进行有效的整合,实现"书同文"的要求。其次,信息监管力度不够。信息监管是政府和高校图书馆需要共同努力的工作内容,以保证科学、健康、积极、规范的信息内容得以传播和应用;对于需要处理的信息,则应确保对其进行监管和控制。再次,人员培养不到位。高校图书馆信息服务人员的工作能力需要在今后的工作中得到专门的引导、培训和教育。

3.2.2 高校图书馆开放存取信息服务的优势

▲ 拓宽图书馆资源建设的范围、提高馆藏质量

通过开放存取方式可以使图书馆获得大量的免费信息资源,增加 OA 资源在整个图书馆资源中的比例。OA 期刊及 OA 仓库可以成为图书馆宝贵的资源,使图书馆提供给读者的资源远远突破原有的馆藏,尤其是丰富的多语种的免费文献资料可弥补图书馆外文期刊的不足,因而开放存取模式使图书馆资源变得更加多样化,增加了来源,拓宽了渠道。同时 OA 资源能增强图书馆资源建设的时效性,一定程度上减少资源建设费用,最大限度地满足各类读者的知识需求。建设印刷型资源、电子资源、网络资源、OA 资源互补的、结构合理的信息资源体系,是图书馆资源建设发展的重要策略。

▲ 开拓图书馆服务领域、改变传统服务方式

开放存取不仅对图书馆资源建设提出了新要求,而且也深刻影响着图书馆的服务方式。在开放存取环境下,科研成果都将以开放存取的方式发表,读者可以无限制、免费地利用,这给图书馆现存的服务方式提出了挑战。图书馆提供服务的资源基础从实体馆藏向实体馆藏与虚拟馆藏相结合转变,读者的行为方式从到馆借阅向网络获取转变,图书馆服务从文献服务向知识服务转变。与传统图书馆的服务功能相比,在开放存取方式下,图书馆更应该发挥充当海量信

息世界与用户之间的桥梁和中介的服务功能[1]。尽管用户有时会感觉不到OA资源的存在,但图书馆却可以通过多种渠道和方法来主动为用户提供服务。图书馆在OA环境中要充分利用这些免费资源,开展多样化的信息服务,不仅要提供免费资源,还要提供存取这类资源的渠道,建立科学信息自由交流的平台,拓宽图书馆服务领域,转变服务观念,创新服务内容和方式,以便更好地为读者提供信息服务。

▲ 开创图书馆信息资源建设新契机

用户免费、无限制地使用及充分共享是OA资源的显著特点。OA资源的出现为图书馆信息资源建设带来了新的契机。一方面,开放存取将有助于遏制学术期刊订购价格的大幅上涨之势,为解决"期刊危机"和利用有限经费整合馆藏期刊资源开辟了广阔前景,对图书馆在期刊采访、服务、资源共享等工作产生直接的影响。另一方面,开放存取将使图书馆的角色发生变化,逐步削弱其信息搜集、提供功能,而增强其知识传播功能。开放存取为各个图书馆提供了几乎平等的信息获取机遇。无论规模再小、地理位置再偏僻的图书馆,都可以通过网络免费获取OA资源。在新环境下,各图书馆应抓住机遇,充分利用OA资源拓展新的发展空间。OA资源的有效利用可使藏书的数量与种类保持可持续增长,从而增强文献保障能力,提高服务水平,且降低用户信息获取的成本。因此,图书馆要以开放存取为契机,利用OA资源提升馆藏质量,从而为用户提供高质量的服务。

3.2.3 高校图书馆开放存取信息服务的可行性

▲ 节省资源和经费

据调查,国内高校图书馆的经费中大约有10%~20%用于新图书的购买和信息的录入。高校图书馆始终存在经费紧张问题,改变这种捉襟见肘的局面迫在眉睫。开放存取作为一种全新的服务模式,有助于高校图书馆摆脱经费紧张这一困境[2]。

---

[1] 黄如花.利用OA资源提升馆藏质量.中国图书馆学报,2008(5).
[2] 方晨.开放获取:解困"学术期刊危机".中国教育网络,2006(9).

首先,开放存取模式可以节省书刊购买和信息录入的大量经费。图书馆的传统方法是购买纸质书籍和期刊来存储信息,每年数以百万计的各类纸质文献被购进图书馆。而当前的书刊价格大涨,同时出版量也大幅提高,图书馆购买文献的经费则远远跟不上需求。实行开放存取模式可以保证图书馆在存储大量信息的前提下节省大量经费,通过电子信息录入的方式满足读者需求。图书馆不再需要购买大量的纸质文献,只需要购买电子信息,并将其纳入本馆的电子信息库中,成本会降低很多。其次,实行开放存取模式可以节约空间。传统的高校图书馆都是不断"成长、变大"的,不断有新的文献进入,图书馆的空间越来越紧张。实行开放存取模式可以节省大量空间,电子信息存储的方式可以把大量文献用计算机存储起来,不再需要大量的房间及书架来存放纸质文献。再次,在保护和管理文献的经费投入上,实行开放存取的模式同样可以节省大量的经费,如不需要大量的人员去整理文献等。

▲ 提供针对性更强的信息服务

当前,高校图书馆缺乏个性化服务,服务理念和运行模式有待进一步改善和提高。实行开放存取模式,可以带来个性化服务,使得每个需要信息服务的人都可以在咨询平台得到因人而异的服务。开放存取服务采取的是梯队式服务方式,即由经过简单培训的前台服务人员(可以是兼职学生)、专业信息服务人员和专业领域的专家学者组成的梯队提供不同层次的信息服务,针对不同层次的咨询者提供个性化的有针对性的服务。

▲ 有利于创新信息沟通的新途径

开放存取模式可以带来全新的信息流通途径,聚合不同方面、不同途径的信息,为需求者提供丰富全面的多维度、多层次服务。在信息内容方面可以实现信息的共享,在不同单位(机构)、不同领域、不同层次的基础上提供所有相关的信息,打破空间、时间的限制。这种资源的整合与交流模式主要是指读者与学校之间、学校与学校之间及学校与公共图书馆之间的沟通与联系。具体来讲,就是构建不同级别、不同层次、不同范围的信息沟通网络。读者可以以网络、前台、专家服务等多种方式提出咨询和需求,同时也可以提出自己的见解和认识,发表个人观点和看法。在学校与学校之间,实现信息的沟通与交流共享,是信息开放存取服务模式发展的必然趋势,也是高校图书馆信息服务活动良性发展的必由之路。根据不同高校间的信息存储特点和优势,开展优势互补和强强联合等多种合作模式,则可以提高信息服务的效率,实现校际信息资源共享,从而使得不同学校的学生可以分享多个高校的信息服务。拓展学校图书馆与公共图书馆之间的联系,也是开放存取服务模式发展的新途径。过去的高校图书馆和公共图书馆是互不干涉、各自为政的关系,如果能够整合两者之间的资源,进行更多的交流,就可以实现资源互补,避免重复建设,更可以实现服务途径的多样化。例如在服务模式上,可以采用一票制或者一卡通,在高校图书馆和公共图书馆之间实行统一的服务模式,消除壁垒,实现门户开放的交流方式和服务途径。另外,由于信息流通途径的改进,使得信息获取的方式更为便捷。通过现场咨询、网络在线咨询、邮件咨询等多种模式,改变了过去单一的一对一的服务模式[1]。

开放存取模式在一定程度上实现了全民参与、互通有无的目的。这种模式以开放的状态呈现在每一位参与者面前。信息获取者既是反馈者也是发布者。从前处于被动地位只能接受信息的人们开始成为信息传播和发布的主力。目前我国高校已不同程度地建立了网络电子信息系统和交流系统,为学校里的所有人员提供了互相交流的途径,也为他们提供了发表言论的平台。

3.3 开放存取环境下高校图书馆信息资源建设与服务的策略

OA 的实质是对学术信息交流模式、信息资源建设和信息资源利用理念与方法的变革,因此,以信息资源收藏和开发利用为重心的高

---

[1] 崔海峰,洪跃.图书馆在开放存取模式中的对策.图书馆学刊,2006(4).

校图书馆信息资源建设工作必然受到冲击。面对冲击,我们必须抓住机遇,采取相应的对策。

由于开放存取资源对图书馆资源建设和服务方式带来了深远的影响,因此,图书馆应改变自己的服务理念与传统的管理模式,成为开放存取资源的倡导者、参与者,使开放存取资源能真正为广大读者服务。针对目前各高校图书馆开放存取资源建设中存在的问题,应该尽快制定有效的开放存取资源建设策略。

3.3.1 开放存取环境下高校图书馆信息资源建设的途径

▲ 建立开放资源信息库、形成特色化和专业化的馆藏资源

图书馆应在遵守开放存取规则的基础上,根据本馆收藏文献的特点,确定收集文献的学科类型、范围、存储格式,建立与本馆相适应的开放资源信息库。

有数据表明,每年有15%的学术成果可以在互联网上开放存取。图书馆可以多种渠道挖掘网络上的开放存取的学术资源,以此来丰富馆藏,根据本校的专业学科设置,建立具有学科特色的数据库。例如,上海对外贸易学院图书馆的"学科专业免费数据库导航"就对国内外的有关法律、经济贸易方面的免费数据库做了导航,提供了每个数据库的名称、网址、简介等。如果高校图书馆的信息资源建设仍停留在"占有"上,提供的电子资源都大同小异,没有自己的特色,那么不仅会造成资源的重复建设、经费的浪费,而且在网络环境下其网络生命力和生存价值也会大大降低。

▲ 建立开放资源导航库、通过先进的集成软件对开放存取资源进行全方位揭示

通过合法、科学的网络链接建立与本馆本学科相通的网站资源的分类导航库,使本馆读者能方便快速地链接到相关网站,查询到合适的目的文献。

近年来,开放存取资源的数量和种类增长迅速,图书馆如果停留于对其罗列、简单介绍、浏览层次的揭示,显然是不够的。长远的做

法是建立开放存取资源的多层次和全方位揭示机制,可利用先进技术或引进先进软件,把开放存取资源集成为一体,让读者能在统一的检索界面上,对开放存取资源进行联合检索或查询,从而获得全面而又完整的检索结果,这是揭示开放存取资源的理想方式。如浙江大学图书馆于2007年9月开发的人文社科类开放存取期刊(SSOA)平台,将开放访问期刊和开放访问自存档典藏集成在一起。平台收集了近千种人文社科类开放访问期刊及数十个人文社科的知识库信息,为我国社会科学研究工作者利用这部分宝贵的开放存取资源提供了便捷、有效的途径,从而使我国社会科学研究者能及时了解世界各国社会科学领域的研究成果,把握社会科学研究的发展趋势,也促进了我国社会科学开放访问文献的发展。

▲ 对开放存取资源和图书馆电子信息资源的有效整合

高校图书馆应积极开展开放存取资源与馆藏资源的整合工作,以丰富高校图书馆的电子信息资源。目前,许多高校图书馆已经拥有较丰富的数字资源,但每一个检索系统都有着不同的检索界面、不同的使用方式、不同的身份认证、不同的资料属性,而且呈现的格式不一,使得用户无法一次获取各异构数据库的信息。为提高数字资源的利用效率,目前,国外许多大学和研究机构正在研究和探索跨库检索技术,以实现多种数据资源之间的联合查询。如普林斯顿大学图书馆建立的"Digital Collection",该平台提供在线教学、电子期刊、数据库导航等服务。在其电子期刊的导航中,提供按刊名的字母顺序、主题、数据来源、出版机构等字段的关键词检索服务。

在国内,许多大学图书馆先后开发或引进了数据库统一检索平台,如清华大学图书馆推出了"清华同方电子资源统一检索平台",南京大学图书馆的"一站式检索"系统也已投入使用。利用这些统一检索平台,可以将搜集到的开放存取资源与本馆的数字资源进行有效的整合,实现多数据库同时检索,分数据库展示检索结果的目的。目前国际上较先进的集成系统如 Endeavor Information Systems 公司的 ENCompass、ExLibris 公司的 MetaLib 系统、Innovative 的 MAP 系统等,这些系统不仅可以在集成检索界面上同时检索各种网络数据资源,还可以实现不同类型、不同层次资源之间的动态链接。

3.3.2 开放存取环境下高校图书馆信息资源建设与服务策略

★ 策略之一:积极宣传 OA 理念和精神

图书馆作为文献信息的组织者和传播者,应该抓住 OA 模式给图书馆带来的机遇,发挥自身优势,加强对 OA 的宣传。目前国内很多人对 OA 还不太了解,根据一份对国内医学方面的科研人员进行的有关 OA 出版模式的调查显示[1]:110 位被访人员中,只有 14 人了解 OA 出版模式,约占 14.5%;其余 94 人都是"有点了解",或者是"不太了解"。图书馆可以在自己的网站主页上建立 OA 资源的导航,积极宣传 OA 资源,就可以增强用户对 OA 的了解,在一定程度上也促使读者重新返回图书馆查找信息,提高图书馆馆藏信息的利用率。

高校图书馆作为高校信息中心,在积极倡导 OA 精神、宣传 OA 理念、推进 OA 的实践与发展、促进学术信息的交流和传播方面责无旁贷。高校图书馆必须广泛收集有关 OA 资源,熟练掌握 OA 资源的分布情况及发展动向。只有这样,才能有效地指导、帮助用户利用 OA 资源。应向用户宣传 OA 的意义和 OA 的许可协议,让用户逐步接受 OA 的理念,并养成严格遵守 OA 规则的习惯,使 OA 逐步深入人心。高校图书馆可以通过图书馆主页、网上留言板及文献检索课、讲座等各种途径提高用户对 OA 资源的认识,并"游说"高校相关部门及政府部门制定相关政策,让其提供利用 OA 模式发表作品所需要的经费,并把以 OA 模式发表的文章作为晋升职称、职务和绩效评估的依据,以此鼓励科研人员利用 OA 机制在 OA 期刊上发表论文,或将自己的研究论文在 OA 仓储中存档,并允许免费查询。特别要指出的

---

[1] 成博.开放存取运动中高校图书馆.http://www.prep.istic.ac cn/docs/.html.[2008-6-9].

是,应该把大学生当成OA教育的重点对象之一。[1] 作为科研的后备力量,大学生既是OA的生产者也是消费者。对他们进行深入的OA教育,可以为OA运动培养潜在的利用者、支持者、倡导者,从而促进OA的可持续发展。

★ 策略之二:加强OA资源的搜集与揭示

高校图书馆的网站主页不仅要成为引导用户利用本馆馆藏的窗口,也应成为本馆用户了解和利用OA资源的窗口。图书馆可以在自己的主页上,将搜集到的OA资源的网址,按本校学科的设置开辟网上"OA资源"专栏,并建立链接,提供给用户使用。[2] 链接OA资源时,应对具体资源进行适当的文字介绍或特征描述,以方便读者对所链接资源的了解。实践中,国内一些大学图书馆已经做出了表率。上海交通大学图书馆在其主页上挂接了"免费全文网站",提供了一些开放资源网站和一些免费资源站点;武汉大学图书馆、浙江大学图书馆等也都在网站主页上宣传和推荐开放资源,并对免费资源做了相关链接。此外,还可以利用OPAC揭示OA资源。OPAC是高校图书馆自建的数字化资源,也是用户最熟悉、最常用的检索工具之一。通过OPAC统一的检索界面,用户可以检索到多种类型、多种载体的馆藏资源,这可以大大提高OA资源的利用率。

★ 策略之三:加强现有OA资源的开发及组织

随着OA运动的不断发展,OA已成为一种学术出版的趋势。面对数量越来越庞大、种类日益增多的OA资源,图书馆应该加强对OA资源的选择和组织,以便于用户利用。图书馆应充分挖掘和利用因特网上的免费全文期刊资源,并根据本馆馆藏制度和实际情况选择OA资源。图书馆应充分利用网络技术,建立导航数据库和检索平台,为用户提供OA资源引导和检索服务。利用这些统一检索平台,

---

[1] 黄凯文,刘芳.网络科学信息资源的"公共获取运动"的模式与方法.大学图书馆学报,2007(2).

[2] 刘畅,肖希明.开放存取期刊与图书馆信息资源建设.高校图书馆工作,2007(6).

尤其是利用网格技术,将搜集到的OA资源与本馆的数字资源进行整合,以实现多数据库同时检索的目标。同时,可以借鉴国内外图书馆开发OA资源的先进经验。瑞典Lund大学的DOAJ就是一个很好的例子,图书馆可以利用自己的人力和资源优势,很好地进行OA资源的开发与组织。

★ **策略之四:参与开发和利用各种OA资源**

在网络信息出版快速发展的今天,鲁迅先生的"拿来主义"思想对于高校图书馆开发利用OA资源具有很好的现实意义。首先,高校图书馆可将网络上免费开放访问的OA期刊与本馆订购的期刊进行比较,整合和筛选现有的馆藏资源,以节省有限的经费。其次,对OA资源的链接只是为用户多提供了一种文献来源,并未真正做到方便利用。为了便于用户利用OA资源,应将OA资源整合到本馆的资源目录中,即根据本院校所设的重点学科,确定收集范围,并对收集到的OA资源进行分析、下载、分类、加工、转换数据存储格式,实现与本馆数据库的互动操作,最后将其编制、存储在本馆书目索引或特色数据库中,建立统一的检索平台,实现分库存储、一站式检索,从而为用户提供有学术价值的信息资源。如清华大学图书馆将付费和免费的资源进行整合,放在同一平台供用户检索。

★ **策略之五:建立自己的OA仓储**

依靠现有力量,图书馆可以建立本机构的OA资源库,收集机构的学术信息,建立机构OA仓储,鼓励本机构的教师和科研人员尝试OA学术交流模式,将自己的学术成果以开放存取的方式向社会传播。

将开放存取资源纳入自身馆藏,需要图书馆采取相应的措施来协调开放存取资源与自身资源之间的差异问题。利用海量的开放存取资源丰富自身馆藏,不论对图书馆还是对图书馆的读者都具有重要的意义。

★ **策略之六:努力成为OA机构会员**

高校图书馆加入OA组织成为其机构会员,可以搜集到更多的OA资源,可以提高本馆读者的科研成果的影响力,在降低论文发表成本的同时,提升本馆的组织声誉。但是,有些OA组织会对其会员收取会费以维持机构的正常运转,而不同的OA组织向机构会员收取会费的标准、方法不一样。因此,图书馆在成为正式的机构会员之前,必须从成本和效益方面进行考量,以免因无法预测的不断上涨的机构会员费问题带来烦恼。

★ **策略之七:建立OA资源信息库**

OA资源信息库能反映本院校的教学和科研成果的水平,也可以将其作为对外交流的一个窗口,以促进高校间的学术信息交流,提高本院校的学术声誉。高校图书馆可以利用自身优势,搜集、组织、存储本校教师的论文、科研报告、学术总结等有价值的学术信息资源,建立适合本校师生浏览及科研需要的OA资源信息库。高校图书馆应结合自身条件,从浅层、中层和深层三个层次来建立OA资源信息库。浅层主要是直接链接式。高校图书馆可以在自己的主页上,将搜集到的OA资源的URL建立超链接,开辟网上"OA资源"专栏,提供给用户使用。中层是指导航。网上OA资源固然丰富,但处于无序状态,不方便用户使用。为此,高校图书馆应对其进行有效的重组和导航,使之有序化。网络信息更新快,要经常对OA地址资源进行维护,以确保所链接资源的有效性。深层是指资源挖掘与整合。高校图书馆应充分利用数据挖掘技术对OA资源进行深层次的加工,并将其与本馆的数字资源进行整合,从而实现OA资源的多途径检索。

★ **策略之八:共建、共享OA资源**

面对数量与日俱增的OA资源,任何一个高校图书馆都无法承担对其进行完全搜索和收藏的任务。共建共享OA资源仍然是OA环境下高校图书馆信息资源建设的重要方式。高校图书馆如果能利用各自的资源、人才和技术优势,找到一条行之有效的合作模式,进行多馆联合开发,创立一批OA期刊或仓储,将会大大促进资源共享的发展。2005年7月8日,50余所高等院校图书馆馆长在武汉大学信息管理学院举办的"中国大学图书馆馆长论坛"上签署了"图书馆合作与信息资源共享武汉宣言",其中就有鼓励大学图书馆在其资源满足本校读者需求的前提下,努力向社会开放,呼吁建立一批特色学术机构库,鼓励积极参与学术信息的 OA 机制。共建是共享的基础,共建一方面有益于避免重复投入,同时也可以使 OA 资源得到更广泛的认可和利用。实现共建共享的前提条件是特色资源的建设,各馆在 OA 资源建设上应结合自身情况,集中优势,形成特色资源;然后对本馆的特色 OA 资源进行重组和导航,并通过网络与其他高校馆共享,从而形成可持续发展的信息资源保障体系[1]。

★ **策略之九:建立质量控制机制**

OA 资源的质量控制是 OA 运动中一个备受关注的问题,因此,如何制定有效的 OA 出版质量控制策略,对维持 OA 的可持续发展十分重要。目前,OA 期刊的质量控制主要沿用传统学术期刊的同行评审制度。OA 期刊的同行评议采取了严格的标准,编者、编辑委员会、评议者共同参与评议。如 SPARC 通过与著名学会、协会和大学出版社合作,直接吸收优秀的编辑和专家进行质量控制,以此来提高期刊的影响力和被认可程度。但对于 OA 仓储来说,一般不实施内容方面的实质评审工作,只要求作者提交的论文是基于某一特定标准格式,并符合一定的学术规范即可,但这难以保证 OA 资源的质量。高校图书馆员作为信息组织和信息传播者,应积极配合各领域的专家学者,做好 OA 期刊的质量评价和控制工作。对于 OA 仓储,高校馆可以建立一个网上评估机构,及时、经常性地对这些信息资源进行评价和监督,定期与各领域的专家学者和用户进行交流,综合评价后,将评价的结果定期公布在网站上,以便于用户利用。

---

[1] 吴慰慈. 网络环境下图书馆资源观. 新世纪图书馆,2008(1).

4 开放存取对高校图书馆电子资源的影响及图书馆的对策

前文已详细阐述了开放存取模式对高校图书馆信息资源建设的影响,本章重点论述其对电子资源的影响。

开放存取的出版模式在一定程度上可以缓解学术期刊危机给高校图书馆带来的收藏压力,图书馆可减少用于采购文献信息资源的经费,并打破了商业出版机构对学术期刊的垄断,促进了学术资源的交流。在开放存取环境下,高校图书馆的电子资源建设要适应出版形势发展的需要,主动、认真地研究开放存取这一全新的学术交流模式及其运行机制,改变现有的电子资源建设策略,努力将开放存取模式变为扩充图书馆虚拟馆藏资源的有效方式。因此,图书馆的电子资源建设应采取以下几方面策略:

★ 策略之一:加强开放存取资源与馆藏资源的整合

目前,很多图书馆都拥有丰富的电子资源,但是各馆的电子资源检索系统都有不同的检索界面、不同的使用方法、不同的身份认证、不同的数据格式,用户无法一次获取多个数据库的信息资源,需花费大量的时间逐库检索。这给对馆内资源与开放存取资源的整合造成了极大的困难。关于实现跨库检索的问题,已经引起越来越多图书馆的重视,并纷纷开发跨库检索平台。[1] 实际上,开放存取资源的整合问题已经有不少的先行者进行了研究与实践。目前,国内较著名的跨库检索平台有清华大学图书馆的《中国知识资源总库》传播共享

---

[1] 崔海峰,洪跃.图书馆在开放存取中的对策.图书馆学刊,2006(6).

平台——"清华同方电子资源统一检索平台"、南京大学图书馆的"一站式检索";国际上较先进的集成系统如 Endeavor Information Systems 公司的 En-Compass、Exlibris 公司的 Metalib 系统、Innovative 公司的 MAP 等。利用这些统一的检索平台,可以将收集到的开放存取资源与本馆的数字资源进行整合,从而使开放存取资源成为本馆的虚拟资源。

★ **策略之二:建立开放存取资源档案**

学术资源开放存取的一个很明显特征就是人们可以免费下载、阅读和复制。高校图书馆的网站主页应成为本馆用户了解和利用开放存取资源的窗口。为此,图书馆对开放存取资源的获取、整理应有专门人员负责,在尽可能多地发现开放存取资源的基础上,对开放存取资源进行深加工,为开放存取资源提供被存取通道。开辟专栏,把搜集到的开放存取资源的网址、较稳定的电子期刊链接等资料放在开设的"开放存取资源"目录里,供读者免费使用。如我国台湾大学典藏数字化计划网站(http://www.darc.ntu.edu.tw/)设立的"Open Archives Initiative"专栏、北京清华大学图书馆"推荐学术站点"下设立的"网上免费学术资源"等。

★ **策略之三:及时调整电子资源的发展策略**

学术资源的开放存取将使高校图书馆获得大量的免费信息资源。据统计,到目前为止,世界上开放存取期刊的品种已达 5 000 多种,而且每月以 30 至 50 种的速度在增长。[1] 全球已有 200 多个机构建立了开放存取机构库或开放存取主题/学科库,而开放存取运动的开放源代码软件更是在全世界得到了普遍应用。有鉴于此,高校图书馆应及时调整馆藏电子资源的发展策略,对馆藏资源和开放资源的种类、学科内容等加以协调和平衡,以便更有信心、更有能力在资金有限、存储空间紧张的情况下,增加对电子资源的采购,以应对信息市场竞争和读者需求的压力。

---

[1] 秦珂.试论开放存取对图书馆的挑战与对策.图书馆学研究,2006(8).

★ 策略之四：建立机构数据库仓库系统

建立机构数据仓库是推进开放存取运动的一个很好方式。高校图书馆通过建立机构数据仓库系统，可借助先进的信息组织和知识管理技术，收集所在机构内部产生的各种学术信息，并以网络方式出版、发布，辅以功能强大的搜索引擎、联机检索等服务，以最大限度地推动科研成果信息的传播与交流。图书馆应鼓励所在机构研究人员将研究成果以标准的文档格式上传，并允许免费查询。应通过各种方式鼓励研究人员利用开放存取资源，支持开放存取出版运动。

总之，学术资源开放存取运动的发展不仅对出版界，也对高校图书馆的电子资源建设产生了深远的影响。高校图书馆电子资源建设应充分利用开放存取资源和相关组织、机构提供的免费或低价资源，以补充馆藏电子资源的不足，更好地为读者服务。

5 开放存取对高校图书馆数字参考咨询工作的影响及图书馆的对策

5.1 开放存取对高校图书馆数字参考咨询工作的影响

开放存取模式是学术界、出版界、图书情报界为打破商业出版者对学术研究信息的垄断和经营,而采取的推动科研成果通过 Internet 免费、自由利用的方式。其目的是促进学术信息的广泛交流,提高科学研究的效率。

数字参考咨询服务(Digital Reference Service,简称 DRS)是一种通过 Internet(或 Web)向实体图书馆以外的用户提供个性化的帮助或参考资源的网上信息服务方式。按照美国教育部的定义:DRS 就是基于 Internet 的,连接用户与专家、专门学科知识之间的问答服务。DRS 有三种服务模式:异步、实时和合作。异步是指用户的提问与专家的回答是非即时的,主要采用电子邮件、电子表单等几种方式;实时咨询是真正实现数字参考咨询的标志,主要是采用网络聊天、网络白板、视频会议、网络呼叫中心等几种方式。DRS 的合作化是当前数字参考咨询工作的发展趋势,它通过多个咨询成员间合作而构成一个分布式的虚拟咨询网络,可提供综合性的专家咨询库检索、问题处理与分配、问题进程与跟踪等服务。

▲ 扩大了数字参考咨询的信息资源

拥有丰富的学科专业知识信息资源是数字参考咨询的优势,也是图书馆开展参考咨询的基础。这些资源一般包括纸质文献、电子资源(包括光盘和购买的数据库等)和经过整合的网络资源,即虚拟馆藏。而在开放存取环境下,除了上述的信息资源外,还包括开放存取资源。

表5.1 国内外主要开放存取期刊网站

OA 期刊	资源范围	资源总量	质量控制	组织机构
DOAJ	农业及食品科学等17个学科领域	收录期刊已达到3 895种,可以检索到1 389种期刊的261 687篇文章	同行评审	Lund niversity libraries Head Office
SPARC	科学、技术和医学领域	8种免费期刊和17种收费资源的链接	同行评审	集大学、研究图书馆和学术机构为一体的信息合作组织
PLOS	生物医学	出版8个生物医学领域的期刊	同行评审	Public Library of Science
PubMed CentraL	生物科学和生命科学	现收录约310种期刊,其中一些可回溯到19世纪中后期到20世纪初期	同行评审	U. S. National Library of Medicine
BioMed Center	生命科学	收录英国伦敦生物医学中心的免费全文期刊,并提供200余种电子期刊	同行评审	Biomed Central
HighWire Press	生命科学、医学、物理学、社会学	提供1 126种期刊,5 544 821篇文章,其中1 879 288篇免费	同行评审	Stanford University
Science Online	综合性期刊	提供1996年至一年前的科学过刊	同行评审	美国科学促进会AAAS
中国科技论文在线	食品、机械、经济学等多种学科	提供科技期刊论文,目前已达110 853篇	同行评审	教育部科技发展中心

从上表可以看出,开放存取资源数量丰富,而且还在以每个月大约30至50种的速度快速增长。同时多种多样的开放知识库也在不断增多。这使得图书馆参考咨询服务的信息源越来越丰富。[1]

▲ 服务理念的转变

数字参考咨询服务正在由以资源为主的导向性的提问—解答服务方式向开放型的无障碍学术信息交流的知识服务方式转变。开放存取的理念是基于信息自由传播与获取的原则,这就使图书馆对数字资源的掌握能力将进一步削弱。图书馆为读者提供服务,还必须着眼于挖掘文献信息中的深层次的知识内容,同时还必须对信息资

〔1〕 闫秀芳.网络环境下图书馆参考咨询的模式与特点.图书馆,2007(2).

源进行鉴别,并利用一定的技术手段对信息进行有序化整理,从而在用户利用资源的过程中起到导航的作用,以方便用户快速地找到所需资源。资源的可免费获取也使得用户对增值服务有了更多的依赖。从简单地提供浏览与检索服务到提供集成式的检索与引文分析服务;从单纯收录开放存取期刊到全面收录开放存取资源,使服务内容越来越广泛。开放存取环境下的数字参考咨询服务体系正逐渐由以资源为主向以知识服务为主的方向发展。

▲ 由基于馆藏的低层次互动服务向资源共享的高效互动性服务模式发展

目前数字参考咨询服务还是基于大量的馆藏信息资源而开展的,已从早期的E-mail等异步参考咨询发展到以Chat为标志的同步、实时参考咨询服务,跨越时空,将用户与专家拉到了"面对面",增加了两者之间的互动性。但是从目前实践来看,由于用户的提问方式与专家的专业局限性,使得这种实时咨询像QQ聊天一样,层次相当低,使高层次的学术交流无法实现。而在开放存取环境下,大家共享丰富的信息资源,可以像实时咨询一样,用户与专家进行实时聊天,专家很愿意就专业问题与用户进行深入的探讨,这就使很多具有专业价值的信息得到了交流。学术信息交流的专业化、深层次化,用户与专家较强的互动性,使用户可以得到最满意的或深层次的学术信息,这样才能提高数字参考咨询的工作效率[1]。

5.2 开放存取环境下高校图书馆数字参考咨询工作的发展策略

★ 策略之一:积极宣传和倡导开放存取模式

目前大多数读者对于开放存取的认知度还是非常低的。图书馆作为文献信息的组织者和传播者,有责任和义务利用自己在信息交流中的优势地位,通过各种形式如网络、报刊、讲座等大力宣传开放

---

[1] 詹德优,杨帆.OA实现方式及其对数字参考服务的影响分析.江西图书馆学刊,2005(4).

存取模式对国家科技发展的战略意义及对科研活动和科技信息传播的重要作用,宣传开放存取理念,倡导开放存取精神,让更多的人了解、响应并加入开放存取方式,使图书馆成为开放存取运动的支持者和宣传者。

★策略之二:加强开放存取资源与馆藏资源的整合、建设特色数据库

图书馆应以学科为单元,充分利用 DOM 等的浏览和检索功能,对分散于不同载体、分布于不同数据库的信息资源进行动态搜寻、联结,建立分类目录式资源组织体系,同时对开放存取资源进行分类、加工,转换数据存储格式,实现与本馆数据库的互操作,最后将其编制、存储在本馆书目索引或本馆特色数据库中,建立统一检索平台,实现分库存储、一站式检索,从而通过为用户提供有学术价值的、经过整理的信息资源,来提高知识服务的质量,让相关学科领域的用户能快速了解本学科领域的发展趋势和前沿动态。

信息资源整合是一个长期的过程,需要参考咨询馆员结合本馆实际有针对性地收集、开发学科特色资源,尽量保持资源的稳定性和长期性,集中优势,形成特色信息资源。各图书馆可以通过合作开发、建立各种特色的开放存取文献数据库,实现资源共享。全国各高校图书馆还可以以 CALIS 为平台,联合建立一批机构知识库,共享学术信息资源,这样才能为开展高水平的数字参考咨询服务提供丰富的信息资源。[1]

★策略之三:开展深层次的合作化的参考咨询服务

随着科学技术的迅速发展,学科之间相互交叉,边缘学科不断涌现,用户的信息需求从单一学科向多学科发展;不局限于文献单元,而是逐渐提升到对文献信息进行特征化表示而形成的知识单元。图书馆参考咨询人员拥有专业背景知识,且掌握一定的信息获取技能,因此可以根据某专业的特点和用户的知识需求实际情况,创造性地动态地搜集、选择、分析,并按照某种体系结构对分散的大量原始信

---

[1] 谢美萍.数字参考咨询与开放存取之比较.情报资料工作,2007(2).

息进行科学的整理和组织,编制专题性的、研究性的导航库,从而为用户提供其需要的知识单元,使信息服务由传统、被动的服务方式发展到主动参与型的知识服务方式。

网络读者具有分散性、广泛性、多样性特点,读者需求也是复杂多样、不断变化的。因此,任何一个图书馆都无法独自满足读者的各种需求,这就需要图书馆之间开展合作咨询服务。在分布式联合咨询服务中,利用CSCW技术,各成员节点可感知其他成员节点的情况,各节点有自己的问答系统和问答知识库,通过Intenet进行成员间咨询合作;同时还可以进行音频、视频、电子白板的实时交互,以提高协作成员间的实时交互性。这种分布式计算机支持协同工作系统为数字图书馆协作咨询提供了良好的条件,必将成为未来的发展方向[1]。

★ **策略之四:开展个性化、精品化的服务**

计算机技术和因特网的发展,一方面极大地推动了社会信息化发展的进程,使信息资源日益丰富;另一方面也造成"信息污染"和"信息堆积"。信息用户虽然可以直接从网络中获取所需的信息资源(一般性的信息检索可以自己完成),但用户很难找到或找准自己最需要的信息。图书馆数字参考咨询服务应该进一步深化,从满足用户特定的信息需求出发,将与用户研究领域相关的、分散的各种信息集中组织起来,并进行加工整理,从中提炼出有针对性的信息,以快捷和便利的方式传递给用户;并不断跟踪其研究进展和研究方向,随时调整服务的范围和服务的方式,为用户提供个性化的服务和精品化的产品。

自由存取信息是图书馆界一直追求的目标,也是科研人员从事研究活动的实际需求,而开放存取运动迎合了网络时代信息交流的特点及图书馆界的信息共享理念。它是利用网络技术实现信息资源共享的成功模式,也给图书馆参考咨询工作提供了新思路。图书馆应重视这一新事物,通过采用开放存取模式,巩固和扩大图书馆在学术信息交流中的地位和作用。

---

[1] 赵玉冬.开放存取环境下的高校图书馆参考咨询工作.大学图书情报学刊,2007(12).

6 开放存取对高校图书馆学术研究工作的影响及图书馆的对策

6.1 开放存取模式对高校图书馆学术研究工作的影响

开放存取模式的出现和发展对于图书馆而言既是机遇也是挑战。作为一种新兴的学术信息交流模式,无论是其经济机制、质量控制机制,还是版权保护机制,都与传统学术出版模式有很大区别。高校图书馆是传统学术交流系统中不可或缺的重要环节,开放存取模式的发展势必会对其角色定位、服务理念、经费、资源建设、机构功能等产生重大影响[1]。

6.1.1 角色定位

高校图书馆的主要职责是根据用户需求,系统地保存所有学术研究记录下来的知识,并向所有读者开放,提供准确、及时的科学信息服务。

开放存取模式对图书馆的地位产生了重要影响。在传统的信息交流过程中,图书馆在出版机构和读者用户之间扮演着重要的中介角色。但开放存取出版模式是作者付费出版,读者免费使用。用户可以不利用图书馆,直接在网络平台上实现学术信息的自主存取和交流。这就极大地弱化了图书馆的作用,图书馆似乎处于可有可无

---

[1] 唐野琛.开放存取环境下高校图书馆发展路径新探.现代情报,2007(10).

的地位。但是,高校图书馆在 OA 环境下的学术交流系统中能发挥多大作用,完全取决于它自己的态度和行为。高校图书馆必须重新审视自己的使命,并重新进行角色定位,才有可能保持并提高自己在新的学术交流系统中的地位。换句话说,OA 环境下的高校图书馆在学术交流系统中应扮演 OA 资源出版者和传播者的双重角色。一旦高校图书馆完成了角色转换,它自身的优势将使它促进开放存取模式的深入发展,实现学术信息资源的自由共享,且仍然是学术交流新模式中的重要环节之一。

6.1.2　服务理念

开放存取模式将对图书馆服务产生深远影响。从近期来看,大量可以免费使用的开放存取期刊和开放存取知识库的出现,将帮助图书馆提高科学信息的获取能力,以便能够更好地为读者提供科学信息。从长远来看,如果开放存取期刊和开放存取知识库的数量发展到一定的程度,可能从根本上改变学术信息交流模式,改变信息资源结构和信息传播格局,并可能对图书馆的资源建设格局、信息组织方式、信息服务重点等造成重大冲击,同时,也可能要求图书馆重新思考自己的地位和作用问题。开放存取运动的最终目的是使所有用户在网络环境下都可以免费获取所需的最新学术信息。它的传播模式的特点是尽可能减少中间环节,缩短流通时间。在这个过程中,图书馆的中介作用将逐渐被弱化,一些出版机构、学术机构也可以提供类似于图书馆的服务,则他们与图书馆就形成了竞争关系。这种情况下,图书馆应该积极转变观念、发挥自身优势,开拓新的服务方式,为读者提供更多更好的产品和服务,才有可能在激烈的竞争中立于不败之地。

6.1.3　资源建设

开放服务是现代图书馆的重要特征,"开放"意味着资源开放、时间开放、人员开放。但随着知识产权法律体系的日益完善,图书馆在网络信息资源建设过程中受到了多种限制,信息上传、信息包装、信息链接、信息设计、信息传递等工作都受到了版权法有关内容的约束。目前的知识产权体系赋予智力成果权利人以充分的独占权,使高校图书馆在馆藏数字化、网络信息资源开发等活动中深受限制,无法充分发挥其在科研和教学过程中应发挥的作用。比如,1998年美国的《数字千年版权法》规定:"即使个人或机构仅从网络上下载了有版权的资源,并未滥用之从中获利,仍然被认为是盗版行为。"非盈利性图书馆、档案和教育机构可以避开版权保护的技术措施而获得浏览商业开发的著作权作品,但限制在该类机构仅在它不能依靠其他的途径而获得同一作品的复制件时,才可以这样做,并且不能持续浏览超过必要的时间,且这类机构不能利用此除外责任获得商业利益的金额收益。"这种严格的版权限制对科研人员存取学术信息和学术图书馆的网络资源建设造成了极大障碍。

图书馆界就图书馆在利用电子信息方面应享有的例外和豁免权利曾进行过许多努力。IFLA早在1996年就发表了《关于数字环境的立场声明》,呼吁在网络环境下,著作权应继续保留合理使用和图书馆的例外条款。有些图书馆尝试通过获取集团许可证或国家许可证,以推进公共信息获取,也取得了一定的成效,但这些活动仍然是在信息生产者的授权许可下有限制地(甚至是付费)进行。尽管图书馆界一直在努力争取更加宽松的资源获取政策和条件,也一直利用合理使用原则和公有领域信息提供开放信息服务,但对于非开放存取的数字资源及未到达版权保护期的传统印刷型文献,仍然不能提供开放存取服务。

开放存取的宗旨是消除学术信息资源存取过程中的一切障碍,但必须在版权法许可的范围内进行。在开放存取出版模式中,作者有选择开放存取出版的权利,也有选择非开放存取出版(即传统出版方式)的权利,只要作者提交论文时遵守一定的协议(如CC),就可以在保留部分权利的同时实现论文最大范围的传播;另外,开放存取资源的作者也希望能以开放存取的方式获取他人的学术成果。对用户来说,开放存取资源的获取和使用几乎是没有约束的,所有开放存取资源可为任何人无限制地获取,而不需要程序化的授权和声明。开放存取出版模式以最简单的方式解决了复杂的版权限制问题。高校图书馆不仅是开放存取资源的管理机构,它在获取开放存取资源时也是以开放存取资源用户的身份履行职责。高校图书馆可以不再被动地依靠出版机构和索引机构获取资源,而是要根据用户需求主动去发现、识别开放存取资源,并将这些资源列入图书馆目录或数据库列表,使用户能够集中了解、选择、检索信息。对于图书馆来说,对开放存取资源的维护比对传统馆藏的维护更易实现,它不需要支付订购费,也不需要进行许可谈判,节约下来的经费可直接用于对非开放存取资源的获取。开放存取宽松的版权限制使高校图书馆的资源获取和信息服务变得简单易行。

6.1.4 馆员技能

随着开放存取运动的深入发展,可以获取的免费学术信息越来越多,为了帮助用户方便快捷的获取这些学术信息,图书馆员应该起到信息导航的作用,指导用户到特定的地址获取所需信息。把因特网上的开放存取期刊和开放存取知识库集中起来,按照方便用户检索的原则,以用户熟悉的语言进行组织,向用户提供这些资源的分布情况,指引用户查找。图书馆员还应该根据各个专业的特点和读者的要求,为开放存取学术信息编制索引,在图书馆的主页上加以报道,从而帮助用户获取有价值的信息。这就需要图书馆员掌握现代信息技术、特别是网络信息资源的开发技术,如 Web 挖掘技术、组织技术、管理技术。另外,目前绝大多数的开放存取学术信息都是外文信息,如果不懂外文就难以有效地收集和整理相关的开放存取学术信息,不能为用户提供网上检索和信息导航服务。所以图书馆员必须熟练地掌握一两门外语,只有这样,才能做一名合格的图书馆员。

6.1.5 机构功能

传统图书馆存在的意义在于它是"收集、整理、保存、提供利用文献信息的科学、文化、教育机构"。它的基本职能是收集、整理、保存、传递文献信息资源,进行社会教育并开发智力资源。开放存取出版模式对学术交流系统产生了革命性的影响,也拓展了学术图书馆的功能,尤其是促进了以机构为单位的学术机构间的交流。

从20世纪末以来,网络的迅速普及为最大限度地实现信息资源的共建共享提供了技术支撑,但信息资源共建共享仍然受到观念、资金、技术、标准、基础设施、法律、语言等因素的制约,而且信息资源的共建共享在很大程度上也仅限于图书情报领域的合作。开放存取方式消除了学术交流中的大部分障碍,并为其提供了促进学术机构内部交流的手段。

OA模式更易为科学信息的作者和科研机构所接受;OA接受期刊论文、学术论文、技术报告、会议文献、电子预印本文件、数据库等多种常见的学术资源,也接受课件、学习对象(Learning Objects)、视听资料、图像等部分数据库所收录的具有较高学术价值的资源;既可以全面系统地反映所属学术机构的教学和科研成果,有利于分析机构自身教学和科研的优势与不足,衡量现有的研究水平和明确今后的发展方向,又可以作为对外展示其综合实力的窗口,以提高该学术机构的知名度和影响力。一般来说,信息一旦输入数据库就不再发生变化,OA模式为了使最新研究成果能在最短的时间内发布,提交者可根据自己的最新研究随时修改、更新之前提交的信息,使OA具有动态性特点,可以加快学术交流的速度。OA模式对所有网络用户不抱任何偏见,任何用户随时都可以通过互联网不受限制地合理利用其中的知识资源,这既利于本领域学者之间的学术交流,也利于其他学科研究者跨学科获取知识与信息,更重要的是它打破了国家界限,有助于发展中国家的学者了解学术动态,从一定程度上缩小了发展中国家与发达国家之间的"信息鸿沟"。目前,支持OA的开放软件系统已日渐发展成熟,大部分OA都采用了可免费公共获取、允许自由修改、更新和传递,并符合OAI-PMH协议的软件系统,因而具有良好的互操作性,在技术上更好地支持了全球学术信息的开放共享。

OA模式以机构为单位,在资源组织、经费支持等方面更便于学术图书馆创建本馆、本机构的仓储,并对分散在不同节点上的OA资源建立链接和提供服务,也可以让其他机构与本馆OA资源互联,从而促进不同机构间的学术交流,实现各学术领域而非仅限于图书情报界的资源共享。目前的OA模式很多都是由高校图书馆、科研机构图书馆创建和维护的,比较著名的如美国佛罗里达州立大学图书馆的D-Scholorship仓储、德国Stuttgare大学图书馆的OPUS网络出版系统、加拿大魁北克Laval大学图书馆设计的Archimede机构仓储系统等。

6.1.6 图书馆经费

开放存取期刊采用"作者付费出版,读者免费使用"的运行模式。作者支付的出版费用通常由作者所在的机构承担,或者从科研经费中支出,一般不需要作者自己掏腰包。作者付费出版模式,其实是将用于资助图书馆购买学术文献的费用转移到了资助科研项目上,因此,收取作者出版费并不意味着增加作者的经济负担,而是对原有经费的更为合理的分配和使用。这在一定程度上缓解了"期刊危机"给图书馆带来的压力:由于开放存取期刊和开放存取知识库的免费使用,因此可以减少图书馆采购科学文献信息的经费。但是,由于每年的经费有限,有些图书馆担忧如果把原本图书馆的经费挪作作者出版费以后,会进一步缩减图书馆的经费,这样反而会加剧图书馆的"期刊危机"。开放存取运动在现阶段可能会遇到这样的问题,但是,当开放存取期刊成为学术期刊的主流时,可能就会真正解决图书馆的"期刊危机"了。

总之,开放存取模式顺应了当前学术信息交流的需求,必将得到长足的发展,成为未来一定时期内学术信息交流的主要方式。

6.2 学术信息资源实现开放存取的可行性

首先,数字环境和网络技术为开放存取模式提供了平台。互联网出现后,网络期刊和电子预印本不需要经过像传统印本期刊那样的编辑、印刷和发行等过程,即可与读者见面;网络交流渠道(如电子邮件和网上论坛)既方便了作者、编辑、评审专家之间的沟通,又大大降低了学术出版和科学信息交流的成本。此外,各种网络期刊与电子预印本管理软件不断地被开发出来,如加拿大不列颠哥伦比亚大学"公共知识项目"赞助开发的开放期刊管理系统软件、美国国家医学图书馆负责运行的公共仓储软件——PubMed Central系统等。[1]毫无疑问,数字技术平台不仅使开放存取模式成为可能,而且能促进这种信息交流模式的进一步发展。

其次,开放存取模式一直与信息的数字化密切相关。[2]《Bethesda开放存取出版声明》明确提出开放存取出版物应具备的两个条件之一是:在作品发表后,应该将完整的作品版本和所有附件(包括上述各种使用许可的协议复本)以一种标准的数字格式立即存储在至少一种在线仓储中,以确保作品的开放访问、自由传播、统一检索和长期存档。国际图书馆协会联合会在《关于对学术出版物和科研文献开放存取的声明》中也提到作品出版后,应立即将其置于网络中的存档之处;作品的全文,包括附件及前述的授权声明,以标准的电子格式存储于学术机构、学会组织、政府机关等单位的网络中,以达到无限制地散布、互动、长期存档的开放存取的目的。由此可见,作品最终以数字化格式存储是开放存取的必要条件。

第三,学术信息资源的公益性是实现开放存取模式的前提。美国加州数字图书馆的Daniel Greenstein对以开放获取为特征的数字同盟(Digital Commons)运动的意义做了深刻的阐述:"内容提供商必须通过内容增值来竞争,而不是依靠内容所有权。"放弃内容所有权将促使更多的服务创新,例如批注服务和教育服务。即使是赢利型的开放存取

---

[1] Lowie,刘兹恒.一种全新的学术出版模式:开放存取出版模式探析.中国图书馆学报,2006(6).

[2] Bethesda Statement on Open Access Publishing. http://www.earlharrL edu/peters/fos/bethesda.html.

成员机构也必须认识到,对内容的私有控制实际上会损害商业利益。这段阐述表明实现开放存取必须以公开信息内容为前提,以实现公众利益为主要目的,而学术数字信息资源正好具备这些条件[1]。

第四,由于大多数科研人员发表研究成果并不是希望能从中获取多大的经济利益,而是希望能最大限度地传播自己的研究成果,因此科研人员率先研究开放存取期刊论文有其必然性。这部分信息资源是学术信息资源中最主要的类型,也是最值得保存和利用的一部分。

开放存取只是一种信息存取理念,其产生的目的是为了解决文献的知识版权、使用费用和公众需求之间的矛盾。在学术数字信息资源开发利用中,同样也存在知识产权、使用费用和公众需求之间的矛盾问题。因此,完全可以将开放存取模式运用到学术数字信息资源的存取上,分析学术数字信息资源实施开放存取模式面临的政治、经济、技术、社会等问题,从而推动学术数字信息资源的开放存取进程。

6.3 学术资源实现开放存取的意义

数字信息的存取和利用是数字信息资源建设的根本目的。虽然各国在对数字信息资源战略研究中以实现数字信息资源的长期保存为目标,但是收藏和保存的数字信息资源只是为人们利用数字信息资源创造了前提条件,即保存是为了利用。而利用数字信息资源的首要任务就是对信息的平等、自由、公开的存取。所以,我国学者霍国庆教授将信息资源存取战略列为国家信息资源战略的核心内容之一。学术数字信息作为国家具有重要战略地位的资源,实行开放存取战略具有积极的现实意义。

首先,开放存取能够更好地满足公众需求。在互联网越来越普及的今天,人们似乎只要拥有一台接入互联网的电脑就可以在信息的海洋中畅游了。但是,人们通过这种方式能够自由获取的信息只

---

[1] IFLA Statement on Open Access to Scholarly iteratureand Research Documentation. http://www.ifla.rg/V/cdoc/open access04.html.

是少数,许多凝聚了人类智力成果的宝贵的精神财富,如科研成果、文化作品等,由于受知识产权和价格的限制而不能被公众自由、平等地获取。开放存取模式能够部分地解决这一问题,减少学术信息交流中的不均等现象。目前,一些领域内的科学信息已经在互联网上公开发布了,能够满足公众求知的需求,但医学、教育、环境和农业等领域的许多科研成果尚不能充分公开,且这些信息直接关系到人们的健康、福利和社会进步。实行开放存取模式有利于促进科研成果的扩散与转化。

其次,开放存取模式能提高学术数字信息资源的利用效率。一方面,开放存取模式能使有价值的科研信息被更多的人以更快的速度获取和利用,这是国外学者研究得出的结论。例如,Harnad 和 Body 的研究表明,在某些学科(例如计算机学科)中,开放存取的论文被引用的几率比"收费存取"的论文高出 286%;在其他学科,如物理学科,这个数据则更高。另一方面,互联网上的免费信息在质量和稳定性方面一直是用户利用的障碍。实施开放存取模式可以通过一些质量控制措施,为用户提供有价值的信息,同时有利于增值产品与新服务方式的出现,使用户能够利用更先进的检索手段集中获取信息。

第三,开放存取模式能实现学术数字信息资源的价值。学术信息资源不仅具有科研价值,而且具有经济价值、社会价值等多种价值。学术信息资源具有公共物品使用的非竞争性,增加一个人的利用不会妨碍其他人对数字资源的利用。所以,从整个社会高度来看,实现信息资源最大价值的根本途径不在信息资源本身的交易中,而是在信息资源的流动和广泛应用中。学术数字信息资源的开放存取对于保障科学研究的顺利开展、促进经济的持续增长、推动社会可持续发展具有重要的意义。一组数据可以看出开放存取模式对美国经济增长的推动作用:在 1991 年至 1995 年间,美国年平均经济增长率为 1.6%;在实行开放存取模式后的 1995 年至 1999 年间,年平均经济增长率为 2.7%,比前 5 年年平均多增长 1.1%。根据美国经济学家的计算,其中,0.2%来自计算机和半导体硬件的改进,0.5%则是由于数据和信息的传输和应用产生的效益[1]。

第四,开放存取模式还有助于减少学术信息的传播成本。许多科研信息传播的成本一直很高,无论是政府出资还是出版商经营,都难以很好地协调出版领域的投入与效益、公共利益与集团利益等方面的关系。长期以来,出版商定价政策和对科学信息传播的控制,一直备受图书馆界和相关学者的指责,但实践证明,出版商的作用从很多方面来说都是难以被取代的。开放存取模式并不否定出版者的利益,但通过有条件地改变一些制度安排,可以兼顾到政府、出版者、用户的利益,从而减少了科学信息的传播成本。因此,OA模式得到了更多利益团体的支持。

最后,开放存取模式也能承担保存学术数字信息资源的任务。开放存取模式的一个重要内容是对网络上的数字信息资源进行开放出版、发布与保存,通过相关的辅助工具软件,让信息资源的创造者将其作品以数字形式保存在公众可自由获取的网上电子存档平台。这表明,数字信息资源开放存取也是一种数字信息资源长期保存机制。[2] 例如,"数字空间"(D space)是美国麻省理工学院图书馆与惠普公司合作开发建设的一项数字信息库。"数字空间"收集、存储、组织、发布麻省理工学院的期刊论文、技术报告、会议论文、课堂演讲、实验成果等学术资料。该信息库的学术资料都可从互联网上免费获取。"数字空间"改变了传统保存文献(信息)的方法,使得这些珍贵的文献(信息)能以更有效的方式被保存下来。

6.4 开放存取环境下高校图书馆学术研究工作的发展策略

开放存取模式对高校图书馆的发展带来了深刻的影响,因此,高校图书馆应该主动、认真研究开放存取这一全新的学术交流模式及

---

[1] 游春山.信息资源开放存取和图书馆工作.图书馆工作与研究,2006(4).

[2] 詹德优,杨帆.OA实现方式及其对数字参考服务的影响分析.江西图书馆学刊,2005(4).

其运行机制,并积极参与这一运动,努力将开放存取模式变为扩充学术图书馆虚拟馆藏资源的有效方式,变冲击为动力,使开放存取模式成为巩固高校图书馆信息中心地位的一个有效手段。

★ 策略之一:参与和加强机构知识库的建设工作

构建机构知识库,不仅能长期保存与共享本机构的数字信息,而且在加速学术成果的传播、提高机构的知名度、改进现有的学术传播机制、扩大学术文献的获取途径等方面能起到重要作用。在建设机构知识库和制定机构知识库的政策方面,高校图书馆都起着非常重要的引导作用。据调查,80%的机构认为图书馆应该承担机构知识库的管理职责,主动参与机构知识库的建设工作。另外,高校图书馆还可以利用自己的优势,如具有长期稳定的服务器、专业的数据维护和管理人员等,为机构提供数字存档服务[1]。

高校图书馆更应该向机构用户主动宣传机构知识库建设的好处。香港科技大学图书馆构建机构知识库的经验表明,一旦作者认识到他们的文献存放在一个可开放存取的机构知识库中,并能够使自己从中受益,他们会很积极地参与,把他们的文献存放在机构知识库中。

★ 策略之二:加强对开放存取资源的组织管理

开放存取资源的组织是指利用科学方法,对类型多样、数量众多、分布分散的开放存取资源进行整序,以便于用户有效利用的过程。由于开放存取资源来源于网络,可能随时都在更新,随时都在变化,给人们查询和利用带来了较大的不便,因此,有必要对开放存取资源进行整理和研究。

自20世纪90年代以来,一些长期从事编目工作实践和研究的机构组织开始对传统的编目著录格式进行改进,以适应不断变化的对网络信息资源的描述和组织方法。如美国国会图书馆(LC)、美国图书馆学会(ALA)、OCLC和一些大学图书馆都提出了有关网络信息资源的组织整理计划。这些计划倾向于用对传统的机读目录格式的

---

[1] 常唯.机构知识库:数字科研时代一种新的学术交流与知识共享方式.图书馆杂志,2007 (3).

扩充来组织整理网络信息资源。典型的有 OCLC 的编目计划（Cataloging the Internet），即对因特网上的信息资源应用 USMARC 格式，如对 USMARC 的 130 字段（Uniform Title）使用 Online 作为电子刊物的修饰词，用 256 字段表示计算机文件特征、307 字段表示文献检索或获取时间。另外，补充了 856 字段，该字段被指定提供 URL 或其他因特网网址，从而逐步达到所有有用文献信息（包括网络信息资源）能被有序控制、便于查询的理想状态[1]。

中文机读目录格式（CNMARC）一直以 UNIMARC 为基础，因而依据 UNIMARC 增加相关字段，也能实现标准编目。目前"中国高等教育文献保障系统（CALIS）"的联机合作编目项目已经正式采用这些字段。上海交通大学、复旦大学、深圳大学、澳门大学和香港岭南大学等图书馆都在各自系统的编目模块上，用 MARC 的 856 字段连接电子文献的 URL，从而实现有关网络资源的链接。鉴于此，笔者认为，由于开放存取资源基本上来源于网络，借助网络信息资源组织管理的研究成果，同样可以实现开放存取资源的编目管理。

★ 策略之三：加强对开放存取资源的揭示利用

▲ 通过图书馆主页中的相关站点链接实现浅层揭示

这是当前多数高校图书馆揭示开放存取资源的主要方式。一方面，高校图书馆采取多种形式向研究人员以及相关人员宣传开放存取的基本知识，让他们了解这一全新学术出版和交流模式的意义；另一方面，在图书馆的主页上提供开放存取资源的链接入口，即根据需要提供开放存取资源的目录或相关链接，用户通过点击链接来浏览相关的资源。目前，国内许多高校图书馆专门在主页上设有类似的免费网上全文数据库链接，将开放存取资源作为其中一部分进行推介。如清华大学图书馆在电子资源栏目下设有推荐学术站点，与国内外主要的开放存取资源作了链接；中科院半导体研究所图书馆专门在主页上设立了"开放存取资源中心"栏目，对该学科常用的开放

---

[1] 黄如花.网络信息组织：模式与评价.北京：北京图书馆出版社，2003.

存取资源进行集中揭示。类似的图书馆还有：中国国家图书馆、美国哈佛大学、麻省理工学院、华盛顿大学图书馆、中南大学图书馆、厦门大学图书馆等。

▲ 以专题库方式揭示开放存取资源

高校图书馆为了更好地为用户服务，应根据需要建立专题库，将本机构或网络上某专题的开放存取资源通过各种途径进行搜集，将物理上分散的资源进行合理组织，形成图书馆特色的学科资源库。图书馆可以结合各种学科热点门户网站和学科馆员工作平台的建设，将对有的各学科领域的学科资源和开放存取资源进行全方位的综合、整理和揭示，便于用户通过这些网站或平台直接利用这些专题库。当然，学术图书馆代替传统出版商向图书馆内外的机构和个人提供服务，需要人力、物力、财力和政策等各方面的支持，同时也对图书馆工作人员如何更好地设计、建设和管理专题库提出了挑战。

▲ 通过OPAC深层次揭示开放存取资源

OPAC（联机公共检索目录）是用户利用图书馆全部馆藏资源的窗口，是学术图书馆自建的规模最大的数字化资源，也是读者最熟悉、最常用的检索工具之一。用户通过OPAC统一的检索界面，可以检索到多种类型、多种载体的文献资源。利用OPAC深层次揭示开放存取资源，可以提高开放存取资源的利用率。做法是：增加MARC或者USMARC的856字段，使之成为记录电子信息资源的重要字段，成为开放存取资源的URL和图书馆OPAC的链接点。

利用OPAC揭示网络信息资源，这一做法在发达国家图书馆已经较为普遍，尤其是图书馆订购的电子期刊，一般都选择加入本馆的OPAC，以供读者检索和利用。另外，许多图书馆自动化管理系统都有通过OPAC和其他数字化资源联结的功能，如INNOPAC、Horizon、Unicorn、江苏汇文等。因此，用户通过OPAC查找馆藏文献时，也能查找和利用到包括大量开放存取资源在内的虚拟馆藏资源[1]。

---

[1] http://www.libweb.zju.edu.cn/JavaLab/.〔2008-12-01〕.

▲ 实现开放存取资源和馆藏电子信息资源的有效整合

积极开展开放存取资源与馆藏资源的整合工作,有利于丰富学术图书馆的电子信息资源。目前,许多学术图书馆特别是大中型高校图书馆,已经拥有较丰富的数字资源,但每一个检索系统都有着不同的检索界面、不同的使用方式、不同的身份认证、不同的资料属性,而且呈现的格式不一,使得用户无法一次获取各种异构数据库的信息。为提高数字资源的利用效率,目前,国内外许多大学和研究机构正在研究和探索跨库检索技术,以实现多种数据资源的联合查询。如耶鲁大学研制开发的 JAKE（Jointly Administered Knowledge Environment）软件,为多个数据库的联合查询提供了统一的检索平台。在国内,许多大学图书馆先后开发或引进了数据库统一检索平台,如清华大学图书馆推出的"清华同方电子资源统一检索平台"、南京大学图书馆的"一站式检索"系统(已投入使用)等。利用这些统一检索平台,可以对搜集到的开放存取资源与本馆的数字资源进行有效地整合,实现多个数据库的并行检索。目前国际上较先进的集成系统如 Endeavor Information Systems 公司的 ENCompass 系统、ExLibris 公司的 MetaLib 系统、Innovative 的 MAP 系统等,不仅可以在集成检索界面上同时检索各种网络数据资源,还可以实现不同类型、不同层次资源之间的动态链接。

7 开放存取对高校图书馆馆藏工作的影响及图书馆的发展策略

在开放存取环境下,读者可以免费在网络上获取自己需要的信息,从而减少了对图书馆资源的依赖程度。因此,图书馆作为信息资源中心的地位受到了挑战,给图书馆的各项工作带来了很大的冲击。面对这种局面,图书馆要持续发展,就必须重视制定馆藏资源建设政策及规划,协调与平衡版权资源和开放资源的馆藏资源建设,及时制定与未来生存空间相适应的图书馆发展战略规划。

实行开放存取模式是在基于传统订阅出版模式以外的另一种选择,它使任何人都可以出于合法目的、自由免费地通过网络获取与使用他人的学术成果。这是一种在网络环境下发展起来的新的重要学术交流模式,它的出现为人们利用信息资源提供了一条全新的途径。人们可以利用馆藏之外的开放存取的文献资源,对信息享有较为充分的访问、获取和使用权,且信息获取的途径多种多样。用户对图书馆资源的依赖程度无疑是降低了。[1] 图书馆面临着流失一部分用户的局面。

7.1 开放存取对高校图书馆馆藏工作的影响

7.1.1 开放存取模式改变了馆藏工作的发展方向

▲ 用户获取信息的方式发生了变化

随着计算机和网络技术的迅速发展,分散于不同地理位置的信

---

[1] 何琳.开放存取在我国的发展问题探讨.现代情报,2007(8).

息资源被以数字方式存储,并通过网络相互连接,于是涌现出大量的数字资源(包括开放存取资源)。人们可以不受时间和地点的限制,免费、及时地获取所需要的开放存取信息资源,包括经过同行评议的期刊文章、参考文献、技术报告、学位论文等全文信息。人们不再仅仅只依赖图书馆及其提供的资源,他们不像过去那样,图书馆有什么书就读什么书,他们不再只对单一的载体所含的信息感兴趣,他们需要的是从繁杂的信息中获取解决问题的信息。

▲ 馆藏结构的变化

网络环境下的馆藏不仅仅是传统的印刷型文献资源,已发展到电子出版物、网络出版物、数字化图书及网络免费资源并存的局面,使得传统高校图书馆的馆藏结构发生了很大变化,形成了实体资源和虚拟资源共存的复合型、多元化的馆藏结构模式。与此同时,网络化还打破了传统图书馆之间信息封闭的局面,突破了时空的界限,使图书馆进入了一个不受时间、空间制约的全球共享信息资源的新时代,信息传播的速度更快、范围更广、使用效率更高。每个图书馆都在力图寻求能将自己的馆藏文献资源和网络开放存取资源进行最佳结合的途径。

▲ 采访任务、藏书管理更加复杂

传统图书馆的藏书管理主要集中在对纸质文献的选择、采访、组织、传递、保藏等方面。新的信息环境下,文献资源激剧增长,载体形式复杂多样,越来越多的数据库及读者的不同需求,以及日益增长的开放存取资源,使得图书馆的馆藏资源建设方式面临着复杂多样的选择,而且选择的标准也与过去完全不同。采访任务日益繁重,采访人员要完成采访任务,就需要掌握多种综合知识和专业知识,因此,对采访人员的知识结构与技术水平有了新的更高要求。

▲ 服务方式的改变

在开放存取环境下,读者尤其是许多科研读者不再依赖于图书馆,他们直接从网上免费阅读、复制和下载学术信息资源。因此,要求图书馆的服务方式必须革新。图书馆馆员过去所承担的工作是单一的工作,现在要承担的工作是复杂多样的。如指导用户查询馆藏目录、对用户进行培训,以便他们更好地获取所需信息。新的信息环境下,馆员的角色就是做知识的领航员,这对馆员的素质要求更高。

高校图书馆传统的馆藏模式是以商品化资源为选择对象,而开放存取模式使大学图书馆能够获得大量的免费信息资源,这使得图书馆的馆藏发展,面临着许多新的挑战。图书馆必须适应这样的变化,跟上时代的步伐,积极行动起来,对馆藏、用户、市场进行深入的研究,对馆藏政策做出调整。制定具有前瞻性和开拓性的馆藏发展规划,明确馆藏发展的目标,才能确保馆藏沿着科学、高效的方向持续发展。

7.1.2 开放存取环境下馆藏工作的意义

馆藏发展政策是为保证馆藏资源的持续发展而制定的战略发展规划。一个完善合理的馆藏发展规划或政策将为制定图书馆近期和远期的发展规划提供有力依据。馆藏发展规划或政策向学校的管理和财务部门提供图书馆发展方向、藏书发展目标、经费预算、资金需求、资金增长和发展计划等信息,作为学校发展图书馆,进行有关决策时的重要参考依据。

在馆藏发展过程中总会遇到经费与人员变动的问题。书面的馆藏发展政策能确保馆藏发展的连续性和一致性,不至于因经费短缺和人员的变动而受影响。采访人员由于学历和所学专业的不同,在选择和采购资源时会带有个人的倾向。而馆藏发展规划或政策提供了一套选择、采集资源及与不同主体资源整合的具体标准和规范,使得馆藏建设按照预定的方向或目标发展,从而避免了采访人员和决策人员的主观随意性,保证了馆藏的增长规模及不同类型资源的平衡发展。

7.1.3 开放存取环境下对馆藏工作的研究现状

我国在20世纪90年代才开始对馆藏发展政策进行研究,目前这方面的研究和实践还远未成熟,很多馆藏发展政策制定出来后就被放置一边,不再受到重视。其原因是:随着数字资源的兴起,信息环境发生了很大的变化,人们将注意力更多地集中到数字资源上,这是一个全新的领域,需要投入大量的人力、物力去研究它。同时,由于数字资源有很多的不确定性,人们很难预测其未来的变化情况,也使得馆藏发展政策的制定遇到困难。制定馆藏发展政策要有一个专门的机构,然而图书馆却缺少这样一个机构,人们无暇顾及,也抽不出人力、物力去对馆藏发展政策进行深入的研究。在开放存取模式下,馆藏建设若没有一个发展目标和行动指南,图书馆就难以可持续发展。

7.1.4　开放存取环境下馆藏工作的发展模式

馆藏发展政策是对馆藏发展进行整体规划,规范馆藏资源建设中的各种行为,平衡不同主体资源的协调发展,使馆藏形成一个科学合理的资源体系。具体内容有[1]:

▲　馆藏资源发展规划

大学图书馆的主要任务是为学校的教学、科研服务,其馆藏资源的发展应紧紧围绕学校的性质、学校中长期发展规划、学科建设、不同层次用户需求等来制定未来发展的方向及发展的目标。馆藏发展目标包括:

① 数量目标。即在一定时期内馆藏资源增长应达到何种规模或指标。如确定信息资源、设备资源、人力资源建设框架;入藏不同载体的信息资源与馆藏总量及学科覆盖的比例;数据库、网络免费资源的采集、选择原则、标准;网络技术设备的配置,以及建立一支为用户服务的专业队伍等。

② 质量目标。明确提出入藏各类信息资源的科学价值、使用价值的标准;入藏各类信息资源要达到的深度、广度、新颖度的要求,专

---

[1] 宋天华,李春海.开放资源环境下高校图书馆发展探讨.图书馆研究与工作,2008(3).

业队伍的素质要求,人才引进原则。馆藏特色化目标:图书馆应该根据本馆的性质、任务、用户需求,确定本馆的特色馆藏及自建的特色数据库。

▲ 确定馆藏信息资源结构体系与保障体系

要建立科学合理的馆藏信息资源结构体系,应依据本馆的性质、任务、用户的需求,对各种信息进行选择。确定以学科体系为基础的核心馆藏范围,明确规定重点收藏、适当收藏、不予收藏的原则、范围及预算。制定各学科文献入藏的目标比例,包括文种、不同载体形式的信息购置经费比例。建立科学合理的馆藏结构体系,以保障不同层次用户的各种需求。制定资源采集的原则,包括各类型资源的采集原则、评估的原则和方法、供应商的选择原则、采购招标制度等。依据实体馆藏、虚拟馆藏平衡发展的原则制定藏书复本政策。对于藏书品种,应当是指藏书的知识内容,当某种文献的知识内容已覆盖另一种文献,则后者不具备品种价值,只能看做复本。对已被收进数据库里的文献,或开放获取资源,应作复本处理,以及规定同一出版物以两种以上载体形式出版的选订原则。

▲ 共建、共享资源

明确各图书馆在馆际互借与合作馆藏、资源共享方面的权利和义务。确定数字资源共建共享的分工协作、合理收藏,以及文献传递、保存、技术加工的原则及实施程序;确定合作藏书的目标、任务及参加合作图书馆的入藏文献的范围,应当承担的责任和权利,从而营造"存取"和"拥有"的双赢的良好局面。

▲ 馆藏评价原则和方法

制定一个科学合理的馆藏评价体系。这个体系不仅要以现有的实际馆藏为评价对象,还要对图书馆在网络上获得全球信息资源的能力、信息检索的质量(即用户对检索结果的满意程度)进行评价;同时还要对图书馆的传统服务与电子服务的绩效进行评价。它应该既包含传统的馆藏评价指标中合理的、仍然基本适用的内容,也能体现在新的信息环境下藏书发展的新理念、新标准,能对建立新的藏书发展模式起到正确的指导作用。

▲ 建立有效的用户和馆员培训制度

培训用户自己能主动确定所需信息的种类、范围、价值的能力，获取所需信息的能力等。制定馆员培训计划，鼓励馆员自主学习，将馆员的个人发展目标与图书馆的战略发展目标统一起来。根据馆员的不同状况和需求，采取不同的方式方法进行培训，以帮助馆员更新知识，提高技能。

开放存取模式在给图书馆带来了新的发展机遇的同时，更多的是对图书馆的工作提出了挑战。图书馆应积极采取应对之策，采用战略性的思维进行远景规划，以适应未来的生存空间。一个科学合理的馆藏发展政策能使馆藏资源得到有效配置和协调发展，从而最大程度地满足用户的需求。

7.2　开放存取环境下高校图书馆馆藏工作的发展策略

发达国家的许多图书馆的馆藏发展政策对OA资源都相当重视。2000年，美国国会图书馆遵循国会的法案，开始从收藏单一的印本资料转变到对数字化、开放存取资源的收藏或获取，其五年战略规划里就有对直接推动开放存取运动的阐述。[1]美国国家医学图书馆的电子资源部分收集了DOAJ和PMC等著名的开放存取项目。馆藏资源已经比较丰富的香港科技大学图书馆认为，优质的互联网资源有助于补充图书馆的馆藏、支持学校的教学与科研，因而提出要"拓展对本地以外资源的获取"策略。调查表明，许多ARL成员馆也都十分重视OA资源，其在馆藏建设过程中都很重视对各种OA资源的选择、收集、编目和促进利用工作。

▲ 调整馆藏发展政策、建立包含OA资源的合理馆藏体系

馆藏发展政策是图书馆对不同学科领域、不同深度和广度的各种文献作出选择和保存的指南，是图书馆规划藏书发展、合理安排购

---

[1] 肖希明，王友富.国外图书馆藏书发展政策理论与实践的发展.图书馆，1999（1）.

书经费的基本依据。

中国出版科学研究所的一项调查显示,国民纸质图书阅读率从1999年的60.4%下降到2007年的34.7%,首次低于电子读物阅读率的36.5%。卓越亚马逊的一项调查称:49.5%的人半年内没有读完过一本书[1]。这表明图书馆馆藏建设的目标,不能只停留在收集和保存印刷型图书和期刊上,有必要建设基于互联网资源的高质量的虚拟馆藏。开放存取模式为促进我国科学研究的发展提供了新的机遇,也为图书馆给用户提供更多、更好的资源和服务提供了可能。图书馆应在合理规划的基础上,采集、整理和存储OA资源,并以此来充实、拓展自己的馆藏资源。

★ **策略之一:了解用户需求、增加对OA资源的收藏**

图书馆应该在满足本校教学与科研需要的基础上,结合本馆的工作目标,调整现有的馆藏结构,增加数字资源的收藏比例。要了解用户需要哪些资源,这些资源是否可通过订购印本书刊和商业性数据库之外的渠道获得。利用OA资源建立和优化合理的馆藏体系。图书馆应根据用户需求与资源建设需要,采集、整理和提供其他图书馆或信息机构所提供的可以开放存取的学术信息资源,搜集、选择、挖掘符合图书馆需要的、优质的OA资源,既为本馆的读者服务,也为互联网上所有的读者服务。图书馆尤其是重点机构的图书馆,今后几年都应将OA资源视为对馆藏的重要补充,尤其是对外文期刊的补充。在开放存取模式下,必须调整图书馆馆藏发展政策。一般来说,OA资源在数字信息资源中的比例应不低于10%。

★ **策略之二:开设开放资源项目专栏、建立OA资源链接**

图书馆应重视对开放存取资源的搜集与揭示。可在图书馆开设"开放资源专栏",并建立链接。图书馆的网站主页应成为本馆资源引导的窗口,也应成为本馆用户了解和利用开放存取资源的窗口。图书馆应将通过各种途径搜集到的开放存取资源的网址、较稳定的

---

[1] 杨绍福.电子读物阅读率首超纸质图书的启示[EB/OL].[2008-09-16]. http://www.gx.xinhua net.com/newscenter/2008-05/09/con tent 13216799.html.

电子期刊的链接,按本校学科的设置开设专栏,提供给用户使用。对于 DR、OAJ、电子预印本数据库,图书馆可根据用户需求,有选择、有重点地开辟专栏进行揭示,或者建立 OA 资源链接,以丰富图书馆的 OA 资源内容,提高图书馆信息服务的质量。对于开放软件、开放课件、学习对象仓储等其他类型的免费资源,图书馆应积极宣传,以丰富图书馆的信息源,为教学和科研服务。图书馆员还应对这些资源进行跟踪,以保证资源的链接长期有效。对 Blog 和 BBS 等更具个性化的资源,要及时将有用信息提供给有特定需求的用户。[1] 如我国台湾的清华大学图书馆专门设置了 OAI 栏目,内容包括 OAI 运动的介绍、OA 期刊列表、OA 资源搜索、OA 主题及 OA 工具推荐等。

▲ 建立统一检索平台和导航库

★ 策略之一:整合集成馆藏资源与 OA 资源

馆藏资源整合是一种馆藏资源优化措施。根据用户需求行为和内容的变化,系统整合和集成图书馆的所有资源,以利于用户的使用。图书馆信息中心地位的巩固,离不开对 OA 资源及图书馆内部资源的有机整合。仅对 OA 资源的链接并不能满足用户的需要,所以图书馆应该将 OA 资源整合到图书馆的资源目录(期刊目录和相关数据库等)中;或者将网上已免费开放访问的电子期刊与图书馆订购的期刊进行比较、整合、删减现有馆藏资源;在 OPAC 系统中通过对 OA 资源进行链接而进行深层次揭示;在图书馆集成检索界面上实现 OA 资源与各种网络数字资源的同时检索、动态链接,以及与原文传递、馆际互借等服务进行整合,从而使读者更方便快捷地找到所需资源。为此,图书馆可通过一定技术规范,对 OA 资源与图书馆购买的商业数据库及自建数据库进行整合,提供统一的检索入口,为 OA 资源提供被存取通道,以供用户查询包括 OA 资源在内的来源各异的资源。

★ 策略之二:建立 OA 资源检索与服务平台

目前,许多图书馆虽拥有较丰富的数字资源,却因每一个检索系

---

[1] Research library[EB/OL]. http://www.wiki.cn/wiki/Research library.

统的不同检索界面、不同的使用方式等,使得用户无法一次获取多个数据库的信息。这为开放存取资源与馆内资源的整合带来了困难。因此,图书馆应充分利用网络技术,如 TRS(信息发布检索系统)、CNKI 的网格资源共享平台等,为用户提供 OA 资源引导和检索的导航服务。在这方面,可以借鉴清华大学图书馆的"清华同方电子资源统一检索平台"和南京大学图书馆的"一站式检索"系统的经验。利用这样的统一检索平台,可以对搜集到的 OA 资源与本馆的数字资源进行整合,从而实现多数据库同时检索[1]。

目前,国际上较先进的集成系统,也为 OA 资源与馆内资源的对接提供了解决方案。如英国联合信息系统委员会 JISC 于 2007 年资助建立的"数字仓储与档案清单(DRAI)"项目,该项目旨在整合不同机构开发的服务于英国教学与科研的免费数字资源,为这些资源制作一个完整的 XML 目录,为用户提供一站式的获取通道。美国宾州州立大学图书馆将收集的 3 万多种免费电子图书,通过"在线图书网页"为用户提供浏览与检索服务。图书馆电子信息工程(EIEL)建立了可对 97 个机构库进行一站式检索的平台(EIEL Portal)。

另外,图书馆还可以根据本校科研发展的需要,确定一批重点学科,针对重点学科有目的地搜集网上的开放存取资源,开展学科资源导航服务。如大连医科大学图书馆就利用 TRS 建立了生物医学开放存取全文期刊资源导航库。

▲ 创建本校特色的学科门户和机构知识库

对 OA 资源进行链接整合只是丰富了图书馆的信息资源,并不能从根本上提升图书馆的地位和作用,图书馆应该直接参与到 OA 模式的出版与开发中。其实国外许多 OA 期刊和 OA 仓储都是由学校创办的,如 PLoS Biology 等。大学和研究机构是学术信息的主要产生源,可以利用自身优势,集成本校的优质稿源,包括教师的论文、科研报告、讲义、申请课题、学术总结等,建立一个校内学术文献的机构知

---

[1] 台湾省清华大学图书馆 OAI 资源[EB/OL].[2008-09-16]. http://www.adage.lib.nthu.edu.tw/OA/dbdisplay/.

识库。国内外已经有一些图书馆开展了这方面的工作。如香港科技大学图书馆的 HKUST Institutinal Repository、美国卓克索大学的 Dspace 等，都是图书馆所设立的本校学术文献自归档电子典藏。对于单独开发有困难的图书馆，可以采取使自己成为 OA 期刊的机构会员的方式，或与其他机构联合进行 OA 出版；也可以将自建数据库作为 OA 资源对外开放，从而转化成其他图书馆的虚拟馆藏。如我国台湾地区的清华大学图书馆就在推出了对 OA 资源进行介绍与检索的 OA Search 之后，又建立了机构库。图书馆应大力宣传开放存取运动的意义和作用，通过各种途径和方法提高用户对 OA 资源的认知度，鼓励更多的科研人员加入该运动，将他们的成果加入相应学科或机构的开放存取知识库，从而进一步推动开放存取运动的发展。

总之，在开放存取环境下，图书馆如何最大程度地为用户提供信息服务，如何更好更快地满足用户的信息需求，这些都有赖于建立一个科学的馆藏资源体系，需要我们重新审视馆藏发展政策，建立科学的包含 OA 资源在内的馆藏体系，以适应不断变化的用户需求。

8 我国开放存取研究综述

8.1 基础理论研究

开放存取模式是一种学术信息共享的自由理念和出版机制,它迎合了网络时代学术信息交流的特点。开放存取兴起的最根本的两大原因:一是传统期刊的出版模式严重阻碍了学术交流,二是网络的发展使信息传播的成本大大降低。而科研人员的非赢利的信息传播动机和需求是其产生的前提,国际化合作是开放存取运动的推进器。刘海霞等多位作者对开放存取的基本特征、发展历史、现状、类型、实现机制和模式等进行了研究,对中国出版界推动和实施开放存取出版与交流模式提出了政策建议,并提出了相关的数字资源保存建议。信息资源的公共获取在发挥信息资源效益、提高政府信息化效益、缩小数字鸿沟和提高研究效率及研究公平等方面体现出了重大的社会价值。目前国际上的研究动向主要偏重于对公共获取的社会与法律问题研究、差异研究及知识产权保护与信息资源公共获取的平衡研究。由于受科研管理部门对网络文献的态度、OA 文献的质量、OA 的付费模式,以及国内 OA 的发展状况等因素的影响,目前国内对开放存取模式的认知度和认同度还不是很高。但作为一种全新的出版模式,必将得到长足的发展,成为未来一段时期内学术交流的主要模式。

针对国内预印本文库发展的现状,国内学者提出以机构预印本文库建设为基础,同时发展学科预印本文库和专类预印本文库的大型门户网站的策略,并提出了具体的建设措施。目前我国预印本系统的发展规模、质量及影响尚有待进一步提高,系统的标准化、规范化程度也有待加强。也有部分学者通过介绍开放仓储库和机构知识库(IR)的概念、类型和发展现状,分析了机构知识库在数字学术环境中对学术交流与资源共享的作用,提出了需要解决的问题,论述了机构知识库建设的相关政策,指出要建好知识库,就必须与学术评价相结合。机构知识库已逐渐成为开放存取运动的主角,国内的大学和科研机构应加强对这方面的实践探索。

8.2 对国外研究的介绍

国内作者通过介绍美国、英国、印度和欧盟等国家开放存取的发展情况及其开放获取政策、服务及公共获取问题的主要解决模式,指出开放存取运动对我国学术交流有重大的启示和重要的参考价值,认为OAI的信息组织方式是一种有效的信息整合方式,值得我们借鉴。针对开放存取所涉及的版权问题,翟建雄介绍了美国有关开放存取的立法活动、社会各界的不同反应和目前国际学术界提出的几种替代解决方案,据此提出我国图书馆界可以考虑采取的应对措施。通过研究欧盟及其成员国推进信息资源公共获取的策略,陈传夫指出,我国当务之急是应该推进信息资源公共获取政策与法制的制定与建设工作,制定一系列保障信息资源公共获取的法律、法规及政策等。魏来等在总结印度开放获取经验的基础上,对我国如何推进开放获取事业的发展,提出了见解。胡德华通过介绍巴西、印度、南非等发展中国家开放存取期刊的发展状况,指出发展中国家推行开放存取期刊面临基础设施落后、语言障碍、质量和数量及知识产权等问题,并从学术机构、政府组织、期刊出版社三个方面提出了相应的对策。

8.3 模式研究

布达佩斯公开获取计划(The Budapest OpenAccess Initiative, BOAI)提出了实现开放存取的两种模式:一是自我存档,或称"自行典藏"(Self-Archiving),也即开放存取仓储,又称"BOAI-1模式";二是公开获取期刊(Open-access Journals,OAJ),又称"BOAI-2模式"。自行典藏(OA仓储)主要有两种类型:一种是由机构创建的机构资料库、或叫"机构知识库"(Institutional Repositories,IR);另一种是按学科类型创建的学科资料库(Disciplinary Repositories,DR)。开放存取期刊的类型包括完全开放存取期刊OAJ、半延时OAJ和延时OAJ三种。李武认为,这几种模式在运行机制方面存在着诸多差异,在质量控制、经费支持、知识产权、存储对象和资料检索等方面还存在比较明显的差异。

开放存取模式的实现机制主要有:基于OAI(Open Archives Initiative)的开放元数据机制、基于DOI(Digital Object Identifier)的永久性保存与利用机制、基于搜索引擎的开放存取机制和基于WebService的开放存取机制。开放获取模式有两种具体形式:一是学者付费出版,并向外界免费开放;二是作者自建档,并向外界免费开放。自建档将成为未来的学术信息交流的主要方式。开放存取的实现方式,可分为单纯获取型和在线交流型两大类。前者包括开放存取期刊(Open Access Journals)、开放存取仓储(OA archives or repositories)和个人WEB站点(personal web sites)三种;后者包括博客(blogs)、维基(wikis)、邮件列表服务(listservs)、P2P的文档共享网络(file sharing networks)、论坛(discussion forums)等。从运作模式的角度看,开放存取期刊分为原生类、转化类、开放与非开放并存类;其经济模式则主要包括出版费、基金会、研究机构、政府及私人资助、广告,以及订购费、服务费和电子商务等。

8.4 资源类型及获取策略

开放内容是指在版权协议下发布的诸如文章、书籍、图像、音像制品等创造性作品。其类型有开放期刊、开放图书、开放课件、学习仓库等、电子文本(Eprints)、学位论文、学习对象(Learning Objects)、工作报告、会议录、软件、索引、数据集等。可利用SP服务器获取,或直接登陆DP网站获取。孙卫阐述了图书馆发现和获取开放存取资源的定位、过程和方法问题,提出了几种开放存取资源的筛选方式。王云娣介绍了网络上一些主要的开放存取资源的分布情况和具体的获取策略,指出搜索引擎是整合网络信息资源的重要手段之一。另外,一些专业的网站和交互性网站、报纸、期刊及有关开放存取的国际性会议都会提供大量的开放存取信息。高淑琴介绍了图书馆学情报学开放获取资源的类型划分及开放存取资源的现状。另外还有研究者介绍了一些开放存取的专业资源和网站。由于技术进步和方法的多样性,开放存取资源的发现和获取的方法,需要图书馆人不断地研究和总结。

8.5 存在的问题

开放存取不仅仅是一个技术问题,更重要的是一个观念和文化问题。当前开放存取出版模式存在的主要问题有运行费用问题、质量控制问题、知识产权问题及数字存档、服务政策、合作出版、学术成果认定政策、科学评价等问题;还有技术标准、服务政策、服务模式、知识管理等方面的问题;另外,缺乏有力的政策支持、现行学术评价机制,也或多或少地防碍了开放存取模式的发展。

针对信息寄存安全及防护问题,孙红娣指出,应积极实施学术信息开放获取的政府策略,完善信息资源公开获取的法律环境,建立国家许可证制度、信息寄存制度和版权许可证制度,政府应出台相关激励政策;同时应建立分布式保存机制、合理的合作管理模式、元数据标准及数字资源保存中心等。针对国内开放存取认知度不高的问题,传统出版界、科技学术界、图书情报界要对开放存取这种新型出版模式进行宣传,政府相关部门、研究机构、大学等应制定相关政策,鼓励科研论文的开放存放和自由获取,提高OA期刊的影响力。要解决开放存取的经费问题,则要采取开源节流和创新运行机制等措施,设计科学的付费模式,解决目前作者付费模式所存在的一系列问题,而开放存取期刊采用广告模式是一个重要的方法。保护开放资源的版权,必须赋予许可协议法律效力,以降低开放存取组织与用户双方的责任风险。另外,还要优化授权模式。

为确保开放存取出版物的质量,要坚持用传统技术和网络技术相结合的同行评审制度,并对开放存取期刊的影响因子、即时因子、引用影响的排名进行比较,以此作为标准进行质量评价。在此基础上,刘海霞等进一步探讨了双边市场理论在开放存取期刊质量评价研究中的应用,提出了一个期刊质量的简单模型。刘辉从学科分布、检索特性、影响因子和相关性的角度对开放存取数据库进行了评价分析,而对开放仓储模式则没有必要再去建立高成本的同行评议制度,借鉴 arXiv 的审核制度即可。当然,还应考虑下载量、是否是核心著作等。对于开放存取资源的质量控制及评价标准,还有待进一步研究。

8.6 产生的影响

开放存取模式对于图书馆而言,既是机遇也是挑战。开放存取模式符合图书馆利用作品的特点,且能使图书馆获得大量的信息资源,从而提高了图书馆获得信息资源的时效性,降低了图书馆的经费支出。在开放存取模式下,图书馆将在知识传播和知识管理方面发挥更重要的作用,尤其在信息采集、集成、重组、揭示和为用户创造良好的信息环境方面能发挥突出作用。开放存取模式所依据的不是市场经济的竞争机制,而是共享与合作的机制。这种新的服务模式,从社会结构、功利目的和经济效益等方面都体现了图书馆服务核心价值在网络环境下延伸出的新的含义。

数字资源的长期保存对图书馆来讲同样是一个复杂的工程,图书馆需要增加专门的人员研究资源的选取、长期保存的技术(包括技术框架、技术方法等),以及知识产权、合作机制等相关问题。同时开放存取模式对高校图书馆的信息中心地位也提出了挑战,图书馆应开展开放资源与馆藏资源的整合工作,从而丰富高校图书馆的信息资源。总的来讲,开放存取模式对图书馆的角色定位、技术实现路径与管理问题、信息资源建设的经费预算问题,以及图书馆的传统观念、服务方式、图书馆员素质等都产生了深刻的影响。我们应积极探讨开放存取环境下图书馆的发展路径,更新观念,创新图书馆服务,提高图书馆员的素质,宣传开放存取知识、捍卫开放存取精神、建设开放存取资源、开展开放存取资源服务。

8.7 版权研究

开放存取模式使得图书馆对用户利用版权的行为更加难以控制和监督,这是图书馆在版权保护方面面临的新问题。当前 OA 期刊所采取的版权模式主要有以下 3 种:作者持有版权、作者分享版权、作者只将利用权交给期刊出版商。开放存取期刊如何授权,现在最为简单有效、最经常使用的办法是签订知识共享许可协议(Creative Commons Licenses)。在许可协议框架内,作者自愿让渡部分权利给需要版权的研究人员和公众(用户),以此来促进学术交流,并在一定程度上保障公众的学术信息权利,这也是开放存取运动赖以存在的基本前提。

当然,仅靠许可协议而无法律支持是很难实现学术资源的开放存取的。所以发展开放存取模式最重要的问题在于使许可协议得到法律认可,具有法律地位。可通过建立国家许可证制度、构筑网络资源认证体系、完善开放存取的授权模式等措施,使开放存取制度趋向规范和科学。在版权管理上,应以承认作者贡献为前提。张怀涛等从版权管理目的、许可合同内容、版权保护侧重点、责任承担机制和许可协议法律地位等 5 个方面提出保护开放存取期刊版权的对策。认为要采取技术措施来保证权利管理信息的完整和不被修改,建立网络文献认证机制,对论文发表时间进行客观记录,认定作者的主体资格,以维护作者的"发现权"和"首创权"。

开放资源的版权保护对公众道德情操的培养和社会优良道德环境的构筑提出了新的挑战,因此还要加强公众的自律性素质建设。真正切实可行的版权制度要在不断的探索中逐渐完善,所以我们只有不断推进开放存取运动的发展,才能更深入地研究相关理论,使具体措施及制度更臻完善。

9 附 录

9.1 重要的开放存取出版商

目前,已经在学术界取得广泛影响的致力于开放存取的出版商或机构是 BioMed Central(简称 BMC)和 Public Library of Science(简称 PLoS)。

9.1.1 BioMed Central(生物医学中心,简称 BMC)

1999 年成立的生物医学中心是一家独立的英国出版公司,是最重要的开放存取杂志出版商之一。BMC 在互联网上提供经同行评议的免费存取的生物医学类研究论文。目前 BMC 已经拥有 165 种开放存取期刊,收录的期刊范围涵盖了生物学和医学的主要领域,包括麻醉学、生物化学等 57 个分支学科。BMC 采取许多传统出版商的做法,例如同行评议、市场推广和促销活动等,都取得了良好的成效。BMC 文献的出版费用由作者所属的机构承担。虽然可以免费获取 BMC 开放存取期刊的论文,但它的其他附加产品则会收取订阅费。

9.1.2 Public Library of Science(科学公共图书馆,简称 PLoS)

PLoS 是一家为科技人员和医学人员服务的非盈利性机构,致力于使全球范围的科技和医学领域文献成为可以免费获取的公共资源的目标。2003 年 10 月,PLoS 创办了在开放存取期刊发展史上具有里程碑意义的《PLoS 生物学》。该期刊发表的是生物领域高端的开放存取论文。它严格的同行评审制度、有效的质量控制,使退稿率高达90％以上。目前 PLOS 出版了《PloS 生物学》(PLoSiology)、《PLoS 医学》(PLoS Medicine)、《PLoS 遗传学》(PLoS Genetics)等多种刊物,这些都是经过同行专家评审的可以免费获取全文的期刊。PLoS 的期刊都有在线版和印刷版两种,在线版可以在互联网上免费获取,但其印刷版是收费的。

9.1.3 HighWire Press

HighWire Press 是斯坦福大学著名的学术出版商,目前已成为世界上三个最大的、能够联机提供免费学术论文全文的出版商之一。截至2011年7月18日,该网站收录了来自130个学术性出版社出版的1 007种期刊中的6 741 965篇全文,其中免费全文有2 117 523篇。内容主要包括物理、生物、医学和社会学领域的核心期刊。High wire press 是全球最大的免费全文学术论文数据库。

9.2 国内外开放存取资源介绍

9.2.1 国外开放存取资源介绍[1]

9.2.1.1 DOAJ

DOAJ(开放存取期刊目录)是由瑞典隆德大学图书馆于2003年创建和维护的开放存取期刊门户网站,旨在收录覆盖所有学科、所有语种的高质量的开放存取期刊。至2011年9月,DOAJ 共收录了7 116种免费的、全文的、高质量的开放存取期刊。其设立的主题有:农业及食品科学、美学及建筑学、生物及生命科学、经济学、化学、地球及环境科学、一般主题、健康科学、历史及考古学、语言及文学、法律及政治学、数学及统计学、哲学及宗教学、物理及天文学、一般科学、社会科学、工程学等。DOAJ 收录的期刊都经过了严格的同行评议或编辑质

---

[1] Document Delivery and Resource Sharing. http://www.ilia.org/VlI/s15/index.html.

量控制,均允许用户阅读、下载、复制、传播、打印、检索或链接全文。DOAJ 可以进行论文查询和期刊查询,在期刊查询中,又可以通过期刊名称浏览和主题分类进行查询[1]。

9.2.1.2 Open J-Gate

Open J-Gate(开放获取期刊门户)是目前世界上最大的开放存取期刊门户,提供基于开放存取期刊的免费检索和全文链接。它由印度 Informatics Ltd 公司于 2006 年创建。其主要目的是保障读者免费和不受限制地获取学术及研究领域的期刊和相关文献。到 2011 年 11 月 19 日止,Open J-Gate 系统地收集了全球约 9 610 种期刊,其中超过 6 430 多种学术期刊经过同行评议。

Open J-Gate 的主要特点有:①资源数量大。②更新及时,每日更新,每年新收录文章超过 30 万篇,并提供全文检索。③检索功能强大,使用便捷。Open J-Gate 提供 3 种检索方式,分别是快速检索(Quick Search)、高级检索(Advanced Search)和期刊浏览(Browse by journal)。在不同的检索方式下,用户可通过刊名、作者、摘要、关键词、地址、机构等途径进行检索,检索结果按相关度排列。④提供期刊目录浏览。用户通过浏览,可以了解相应期刊的内容信息。

9.2.1.3 SPARC

1998 年 6 月,SPARC(学术期刊出版和学术资源联盟)正式创建。SPARC 致力于建立一种真正为科学研究服务的学术交流体系。SPARC 本身不是出版机构,它是在 SPARC Alternatives 项目下,通过支持和赞助的方式帮助协会、学会、大学,以及个人,出版高质量、低成本的学术期刊,作为对高价商业期刊的替代产品,直接与同类高价商业期刊展开竞争。另外,SPARC 也通过 Leading Edge 和 Scientific Communities 两大项目来探索开放存取出版的具体模式,以及创建服务于科研的学术交流社区平台。

9.2.1.4 PubMed Central

PubMed Central(生物医学和生命科学全文数据库,简称 PMC)

---

[1] http://www.open access.bokee.com/[2011-12-10].

是一个数字化的全文数据库,由美国国家医学图书馆生物技术信息国家中心开发、管理和维护。该数据库创建于2000年2月,内容涉及生物医学、行为科学和临床研究等学科领域。提供完全免费的全文服务。所收录的研究论文均经过同行评议。期刊出版社可自愿参加PMC,参加的期刊必须满足编辑出版标准。PMC论文的版权属于期刊或作者所有。

9.2.2 国内开放存取资源介绍

9.2.2.1 中国科技论文在线

"中国科技论文在线"是经教育部批准,由教育部科技发展中心主办和创建的电子预印本系统网站,于2003年12月投入试运行。其学科专业按自然科学国家标准学科分类与代码分为39类,基本上覆盖所有的学科。"中国科技论文在线"可为在该网站发表论文的作者提供该论文发表的相关证明,并允许作者同时向其他专业学术刊物投稿,以使科研人员的新观点、创新思想和技术成果能够尽快对外发布,并保护原创作者的知识产权。近年来,"中国科技论文在线"吸引了大量科研人员的投稿。如笔者于2010年10月22日访问该网站时,显示最近30天发表论文1 571篇,平均每天发表论文达50篇左右。笔者还对该站试运行以来论文发文量进行了统计,发现发文量最多的学科是电子、通信与自动控制技术(2826篇论文)、计算机科学技术(2473篇论文)、管理学(2183篇论文)、材料科学(1785篇论文)、经济学(1728篇论文),发文量最多的单位是河海大学和北京邮电大学,分别为900篇和890篇。

9.2.2.2 奇迹文库

奇迹文库是国内较早的电子预印本系统,创建于2003年8月。它是完全由科研工作者个人维护运作的电子预印本系统,在经济和行政上不依赖于任何学术机构,目的是用较低的成本向国内各学科的科研工作者提供方便稳定的预印本服务,在中国科学家群体中推广开放获取的模式。奇迹文库收录的内容目前已形成了自然科学、工程科学与技术、人文与社会科学三大类,基本覆盖了主要的基础学科,并在教育网设立了奇迹文库的镜像站点,以方便国内高校科研单位更好地使用奇迹文库。到 2010 年 10 月,注册用户已有 19 972 人,共发布了各种学术资料 4 341 项。

9.2.2.3 中国预印本服务系统

中国预印本服务系统是由中国科学技术信息研究所与国家科技图书文献中心联合建设的、以提供预印本文献资源服务为主要目的的实时学术交流系统,于 2004 年 3 月 15 日正式开通服务。收录范围按学科分为自然科学、农业科学、医药科学、工程与技术科学、人文与社会科学等五大类。该系统由国内预印本服务子系统和国外预印本门户(SINDAP)子系统构成。国内预印本服务子系统主要收藏国内科技工作者自由提交的预印本论文,可以实现二次文献检索、浏览全文、发表评论等功能。国外预印本门户(SINDAP)子系统是由中国科学技术信息研究所和丹麦技术知识中心合作开发完成的,它能实现对全球预印本文献资源的一站式检索。通过 SINDAP 子系统,用户只需输入检索式一次,即可对全球知名的 17 个预印本系统进行检索,并可获得相应系统提供的预印本全文。目前,SINDAP 子系统含有预印本二次文献记录 76 万多条。

9.2.2.4 厦门大学学术典藏库

厦门大学学术典藏库(简称"厦大学术库")建于 2006 年,主要用来存储厦门大学教学和科研人员的具有较高学术价值的学术著作、期刊论文、工作文稿、会议论文、科研数据资料,以及重要学术活动的演示文稿等。该数据库采用 DSpace 软件平台,系统支持 OAI 协议和 OpenURL 协议,元数据能够被有关机构(如 Google Scholar 和 OAIster)定期或不定期地进行收割,这对加快和提高系统相关资源的传播与利用十分有利。

9.2.2.5 香港科技大学开放存取机构知识库

香港科技大学图书馆于 2003 年 2 月采用 Dspace 构建其机构知识库,以数字的格式收集、传播、保存该校的学术成果。收录对象为该校的教职员工、博士、助理研究员;收录文献内容包括期刊文献、会议论文、预印本、论文与学位论文、研究技术报告、工作报告等原始文献,但通过报纸发表的科普文献与特色专栏则不在收录范围之内。浏览方式按院、系、机构、题名、作者和提交时间进行;检索途径有任意字段、作者、题名、关键词、文摘、标识符等。

9.2.2.6 其他电子预印本系统

国内其他的电子预印本系统一般来说规模较小,专业范围也较窄,主要挂靠在一些大学和科研院所。比较著名的有北京大学数学研究所预印本、山东大学高能物理研究室预印本、ArXiv在中科院理论物理研究所的镜像站点、上海天文台图书馆的电子预印本、福建省科技信息研究所数字科技文献馆的论文预印本等等。

9.3 国内外重要机构对信息资源开放存取的态度

为了使我国图书情报界了解国际上开放存取运动的最新动态,从而采取正确的态度与适当的对策,本节拟探讨国内外重要机构对信息资源开放存取的态度,以促进我国信息资源的开放存取式发展。

9.3.1 国际组织对信息资源开放存取的态度[1]

9.3.1.1 联合国(UN)

联合国倡议并发起的信息社会世界峰会(World Summit on the Information Society,简称WSIS)是各国领导人的最高级别会议。峰会通过了有关信息社会的《原则宣言》和建设信息社会的《行动计划》。WSIS的题为《建设信息社会:新千年的全球性挑战》的A部分指出:"宣告我们建设一个以人为本、具有包容性和面向发展的信息社会的共同愿望与承诺。在此信息社会中,人人可以创造、获取、使用和分享信息和知识,使个人、社区和各国人民均能充分发挥各自的潜力,促进实现

---

[1] 信息社会世界高峰会议.《原则宣言》建设信息社会:新千年的全球性挑战. http://www.itu.int/dmspub/itus/md/03/wsis/doc/S03 WSIS DOC 0004 11 MSWC.doc.

可持续发展并提高生活质量。"其参与方包括政府、非政府组织、私营部门和民间团体。2003年12月10日至12日,联合国在日内瓦召开WSIS会议,在其《原则宣言》中指出:要推动电子出版、区别对待价格和开放使用行动,以使科学信息在所有国家得到公平使用[1]。

早在1999年7月1日,联合国教科文组织的国际科学协会理事会(International Council of Scientific Unions,简称ICSU)组织召开的世界科学会议就通过了《科学与利用科学知识宣言》(Declaration on Science and the Use of Scientific Knowledge)。该宣言明确表示,要注重科研和教育信息资源在公共领域内的开放存取,并要求发达国家与发展中国家之间要遵循信息开放存取、信息平等及互惠互利的原则。2005年9月22日,联合国教科文组织(UNESCO)在2006年至2007年的预算书里要求会员国采取措施:支持IFLA的开放存取主张,在大学传播开放存取原则,推动发展中国家典藏库的开放存取等。UNESCO于2007年8月2日发布了最终的《关于未来知识获得与分享的Kronberg宣言》。UNESCO再次强调了开放存取是公平获取和共享知识的关键所在,表示将全力支持以开放标准、开放数据结构、信息架构等构建全球个人学习的网络空间所需要素的发展。

9.3.1.2 世界经济合作与发展组织(OECD)

世界经济合作与发展组织(Organization for Economics Cooperation and Development,简称OECD)于2004年1月在OECD科技政策委员会召开的会议上通过《公共资金资助的研究数据的开放获取宣言》(Declaration on Access to Research Data from Public Funding)[2],宣言旨在建立对公共资助的研究所产生的数字化数据的获取机制。澳、美、加、德、日、中等34个国家签署了该宣言。该宣言从开放程度(Open access)、透明度(Transparency)、法律一致性(Legal Conformity)、正式的

---

[1] Declaration on Science and the Use of Scientific Knowledge. http://www.unesco.ors/seienee/wcs/ens/declaration e.html.

[2] Declaration on Access to Research Data from Public Fun ding. http://www.codataw cbors/UNESCOmts/dryden declaration.pdf.

责任(Formal Responsibility)、专业化(Professionalism)、知识产权保护(Protection of Intellectual Property)、互操作性(Interoperability)、质量和安全问题(Quality and Security)、效率(Efficiency)、义务(Accountability)和技术(Technology)等方面制定了开放获取数据资源的原则和目标。要求 OECD 采取进一步措施提出公共资金资助研究数据的获取原则和指南,同时要求对信息安全、知识产权和隐私保护等采取保护措施。2006 年 12 月 14 日,OECD 发布了《公共资金资助的研究数据开放获取原则和指导方针》。

9.3.1.3 世界知识产权组织(WIPO)

国际图联的版权与其他法律事务委员会(CLM)于 2005 年 1 月发布了《世界知识产权组织国际发展议程中有关图书馆的原则》(Library—Related Principles for the International Development Agenda of the World Intellectual Property Organization),规定"政府拥有著作权的所有作品都必须在公共范围内传播","由政府基金资助研究和出版的所有作品必须在一个合理的时间范围内提供免费公共获取"。[1] WIPO 还于 2007 年 9 月 29 日颁布了《知识产权与发展议程》,议程中提到"要在 WIPO 标准化进程中进一步保持原有的公共领域并对之进行深度挖掘"、"要在 WIPO 要求下将进一步使发展中国家和不发达国家获取知识及技术的途径更加便利"、"发达国家要主动采取行动促进技术向发展中国家的转移"等 45 个与促进开放存取运动相关的举措来强化机构使命和提升获取知识途径的开放性[2]。

9.3.1.4 国际科学技术数据委员会(CODATA)。

为了解决发展中国家科技数据保存与共享存在的问题和遇到的

---

[1] Principles and Guidelines for Access to Research Data from Public Funding. http://www.webdom in01.oecd.ors/horizontal/oecdaets.nsf/Display/3A5FBl3 9785AD FB7C125729 80053C9D37 Open Doeument.

[2] Library-Related Principlesfor the International Development Agenda of the World Intellectual Property Organiza tion. http://www.ifla.org/III/clm/pl/Library Related Principles.en.html.

困难,国际科联(ICSU)的国际科学技术数据委员会(CODATA)于2002年成立了发展中国家科技数据保护与共享任务组(CODATA Task Group on Preservation of and Access to Scientific and Technical Data in Developing Countries)。此后,该任务组每年召开国际学术研讨会,如2004年6月在北京召开的"科学数据保护与共享战略国际研讨会",2005年9月在南非比勒陀利亚召开的"南非科学信息共享策略国际研讨会——健康和环境信息可持续发展"[1]。

9.3.1.5 世界卫生组织(WHO)

2004年1月,WHO与25个学术期刊主编发表共同宣言——《促进中低收入国家的精神健康研究:学术期刊的角色》[2],其中一项建议就是学术期刊应以开放存取的方式提供内容。

WHO尤其关心发展中国家的开放存取问题,于2005年9月21日至22日在巴西萨尔瓦多组织召开了"面向发展中国家的开放存取国际研讨会"(International Seminar Open Access for Developing Countries),23日发表了《开放获取萨尔瓦多宣言:发展中国家的观点》。该宣言指出,开放获取能促进平等。对发展中国家而言,开放获取提升了其利用全世界的科学成果的能力,也更有利于为全球科学作出更大的贡献。从历史上看,发展中国家科技信息的传播一直受到了经济模式、基础设施、政策和文化的阻碍。

2007年11月10日,WHO公共卫生、创新和知识产权政府间工作小组(Intergovernmental Working Group on Public Health, Innovation and Intellectual Property,简称IGWG)发布了一个OA指令,但内容仅仅是鼓励而并非要求必须实行开放存取模式[3]。

---

[1] WIPO Launches New Agenda On IP And Development. http://www.earlham.edu/peters/fos/2007/09/wipo reform will advance access to html.

[2] 国际科学技术数据委员会(CODATA)发展中国家科技数据保护与共享任务组网站. http://www.tgdc codata.org.cn/chinese/index.html.

[3] Galvanising mental health research in low and middle income countries: role of Scientifc journals. http://www.who.int/mental health/evidence/en/final joint statement.pdf.

9.3.1.6 第三世界科学研究院

第三世界科学研究院(The Third World Academy of Sciences,简称 TWAS)第九届学术大会暨建院二十周年纪念大会、第十四届院士大会和第三世界科学院科学组织网络(Third World Network of Scientific Organizations,简称 TWNSO)第八届大会于 2003 年 10 月 16 日至 19 日在北京举行。与会者集体通过了《北京宣言》(Beijing Declaration),表示支持科学研究的开放和合作发展模式[1]。

9.3.2 IFLA 对信息资源开放存取的贡献

国际图书馆协会联合会(IFLA)通过设置专门机构、发布政策文件、召开学术会议等形式,积极促进信息资源的开放存取。

9.3.2.1 设置与开放存取有关的机构

IFLA 早在 1998 年就成立了信息自由获取与自由表达委员会(IFLA Committee on Free Access to Information and Freedom of Expression,简称 IFLA/FAIFE),以保护和促进《联合国国际人权宣言》第 19 条规定的基本人权。[2] IFLA/FAIFE 及其办公室直接或间接地推动对所有领域信息资源的自由获取与自由表达方式,监督世界图书馆界智力自由的现状,支持 IFLA 的政策及其与其他国际人权组织的合作,对违反信息资源的自由获取与自由表达的行为做出回应[3]。

为了突出信息资源共享,IFLA 还将原来的"文献传递与馆际互借部"(Document Delivery and Interlending Section)更名为"文献传递与资源共享部"(Document Delivery and Resource Sharing Section)。该机构旨在帮助图书馆和图书馆协会通过采用各种形式的资源共享与文献传递技术,以促进各种形式的信息在全球范围的可存取[4]。

---

[1] Beijing Declaration. http://users.ictp.it/twas/pdf/Beijing—Declaration.Pdf.

[2] 黄如花,肖艳琴. IFLA 对信息资源开放存取的贡献及对我们的启示. 2006 信息技术与教育国际研讨会(ITIE2006)会议论文集,2006(7).

[3] IFLA Committee on Free Access to Information and Freedom of Expression(/FAIFE). http://www.ifla.ors/faife.

[4] Salvador Declaration on Open Access:the developing world perspective. http://www.icml.ors/meetings/openaccess/public/documents.

9.3.2.2 发布与开放存取有关的系列文件

IFLA发布的与开放存取有关的文件包括其发布的系列宣言、立场与声明等。以下按时间顺序分析IFLA的相关文件中与开放存取关系密切的内容。

①《公共图书馆宣言》与《学校图书馆宣言》。IFLA和联合国教科文组织共同拟定并发布的《公共图书馆宣言》(1994年提出,1998年修订)和《学校图书馆宣言》(1999年)[1],均提出图书馆有提供信息服务的任务。如前者规定:"公共图书馆原则上应当免费服务。公共图书馆是地方和国家当局的责任,必须由国家和地方政府特别立法和财政拨款支持。它必须成为任何文化、信息提供、扫盲和教育的长期战略的一个主要组成部分。"

②《关于图书馆与智力自由的声明》。该声明由IFLA/FAIFE起草,并由IFLA执行委员会于1999年3月25日在荷兰海牙通过。声明中与开放存取有关的叙述有:图书馆是通向知识、思想和文化的大门。图书馆有权自由地获取、组织并且传播信息,反对任何形式的审查制度。图书馆应当使资料、设备和服务对所有用户都是可平等存取的,没有由种族、信仰、性别、年龄或者其他任何原因而引起的歧视[2]。

③《IFLA因特网宣言》。2002年3月27日,《IFLA因特网宣言》[3](The Internet Manifesto)由IFLA理事会于荷兰海牙通过,2002年5月1日由IFLA公布,2002年8月23日在格拉斯哥由IFLA理事会会议全体通过。该宣言开篇指出:不受阻碍地获得信息对实现自由、平等、全球相互理解及和平至关重要。因此,IFLA坚信:智力自由是每个人应该享有的的权利;它是民主的基础,而且是

---

[1] IFLA/UNESCO Public Library Manifesto 1994. http://www.ifla.org/VlI/s8/unesco/manif.html.

[2] IFLA/UNESCO School Library Manifesto. http://www.ifla.org/VlI/sl/pubs/manifest.html.

[3] 黄凯文.网络环境下科学信息资源的公开与共享.农业图书情报学刊,2005(5):3842.

图书馆服务的核心。提供获取不同媒介和来自不同国境信息的自由是图书馆和信息从业人员的核心任务。图书馆和信息服务行业提供不受阻碍地进入互联网的服务,这可以帮助社区和个人获得自由、繁荣和发展。该宣言还分三个部分分别阐述了"获取信息、上网及使用图书馆和信息服务的自由"、"通过因特网自由获得信息的原则"和"宣言的实施"问题。

该宣言有两个突出的特点:一是关注弱势群体对信息的利用,如"通过因特网自由获得信息的原则"部分规定:因特网提供了全球范围内相互连接的媒介,所有人都有权享用。所以,使用因特网不应该受到来自意识形态、政治或宗教的新闻检查的影响,也不应受到经济困难因素的影响。图书馆和信息服务机构同时也有责任服务于社区所有成员,不应受到年龄、种族、国籍、宗教、文化、政治派别、身体的,或其他任何状况的影响。同所有其他核心服务项目一样,在图书馆和信息服务机构上网应该免费。二是特别关注发展中国家获取学术信息资源的困难问题,"宣言的实施"部分指出:IFLA 鼓励国际社会支持在世界范围内,尤其是在发展中国家,开发因特网的使用,以使因特网信息造福所有使用因特网的人[1]。

④《图书馆和信息服务机构及信息自由的格拉斯哥宣言》。该宣言于 2002 年 3 月由 IFLA 管理委员会在荷兰海牙通过,2002 年 8 月 19 日,国际图联理事会在英国格拉斯哥公布。宣言指出,值此国际图联成立 75 周年之际,国际图联宣告:国际图联强调自由获取和传播信息是人类的基本权利。国际图联及其全世界的图联会员支持、捍卫和促进信息自由。这一点在联合国所颁布的《世界人权宣言》中也有表述。

⑤《IFLA 关于学术文献与研究文献开放存取的声明》。该声明于 2003 年 12 月 5 日由 IFLA 管理委员会在荷兰海牙通过。声明的主要观点有:经过同行评审的学术文献(Peer Reviewed Scholarly

---

[1] 国际图书馆员协会和图书馆联合会因特网宣言. http://www.ifla.org/III/misc/im1311.Pdf.

Literature)是学术发展中的重要因素,由包括预印本、技术报告与研究数据记录在内的一系列研究文献所支撑。全球各地的图书馆与信息服务网应提供过去、现在及未来的学术文献,并确保这些文献的保存,协助用户发现及使用它们[1]。值得注意的是,为避免由因特网接入条件、带宽,以及软件与硬件等因素而引起的更严重的"数字鸿沟",该声明还提出了促进学术信息存取的日程。

⑥《IFLA 支持开放存取运动的公告》。2004 年 2 月 24 日,IFLA 以新闻稿方式发布了题为《IFLA 支持开放存取运动》的公告。该公告指出,IFLA 长期承诺对信息资源的开放存取,尤其关注发展中国家的学术文献的开放存取。IFLA 承认,实现对全球学术文献的可存取需要大量的承诺与策略,IFLA 坚决支持开放存取运动,欢迎许多开放存取出版物的投入使用。

⑦《IFLA 关于世界知识产权组织日内瓦宣言的立场》。IFLA 表示,希望《世界知识产权组织日内瓦宣言》能引起 WIPO 对教育界、图书馆界和其他信息提供者的关注,希望 WIPO 讨论知识产权法的不平衡、信息垄断、技术保护措施、数字鸿沟扩大、自由贸易协议等问题。

⑧《信息社会行动、关于图书馆的亚历山大宣言》。该宣言于 2005 年 11 月 11 日发布于埃及的亚历山大,在 WSIS 的会前会上公布。宣言指出,为了实现所有人的信息获取目标,IFLA 支持版权平衡与合理使用,也高度关注促进多语种内容、文化多样性的发展,以及贫困群体与未成年人的特殊需求。IFLA 与图书馆和信息服务机构赞成信息社会世界峰会 2003 年 12 月在日内瓦通过的《面向所有人的信息社会》(An Information Societyfor An)的观点,保障信息存取与表达的基本人权,即不受限制地创造、存取、使用和共享信息与知识[2]。

⑨《IFLA 关于因特网管制的立场》。2005 年 9 月 21 日,IFLA 主

---

[1] IFLA Supports Open Access Movement. http://www.ifla.org/V/press/oa240204.html.

[2] Alexandria Manifesto on Libraries, the Information Society in Action. http://www.ifla.org/III/wsis/Alex and riaManifesto.html.

席 Alex Byrne 发表了《IFLA 关于因特网管制的立场》,认为网络化的数字资源已成为图书馆开展信息服务的重要基础,图书馆在文化、社会与经济发展中的作用越来越大。IFLA 反对任何形式的有可能限制信息存取与自由表达的措施。IFLA 随时准备帮助建立有效的因特网管制模式。

⑩《IFLA/UNESCO 因特网宣言指导方针》。2006 年 12 月 1 日,IFLA 和 UNESCO 共同发表了《IFLA/UNESCO 因特网宣言指导方针》,将开放存取作为执行 2002 年《IFLA 因特网宣言》的重要举措。

IFLA 发布的促进开放存取的其他政策文件还有《关于图书馆与可持续发展的声明》(2002 年 8 月 24 日通过)等[1]。

9.3.2.3 广泛参与开放存取的实践活动

2000 年 8 月 13 日至 18 日,IFLA/FAIFE 和 IFLA 版权与其他法律事务委员会(IFLA Committee on Copyright and other Legal Matters,简称 CLM)共同发起并建立了题为"Access to Information:Challenges to Equitable and Universal Access"的项目。2005 年 6 月 22 日,CLM 签署了《IFLA 与知识存取条约》。该条约明确指出,通过技术促进信息资源共享,包括建设数据库、建立网页和成立 WIPO 合作办公室[2]。

2002 年 9 月,时任 IFLA 主席的 Alex Byrne 从图书馆与信息服务机构的角度对 WSIS 的原则宣言做出回应,表示要促进全球信息共享。其发言分为三个部分[3]:第一部分表明了 IFLA 对信息社会的共同看法。IFLA 及其成员一致认为,在广义的信息社会中,任何一个社会成员都能够创造、获取、利用和共享信息与知识,而这些又必须建立在基本的人权——不受限制地获取与表达信息的基础上。图书馆与信息服务机构提供跨越国界的任何媒体的信息服务,担任知

---

[1] Statement Oll Libraries and Sustainable Development. http://www.ifla.og/III/eb/sust—dev02.html.

[2] IFLA/UNESCO Internet Manifesto Guideline. http://www.ifla.org/faife/policy/iflastat/Internet Manifes to Guide lines.pdf.

[3] Statement on Open Access to Scholarly Literature and Research Documentation. http://www.ifla.org/V/cdoc/open access 04.html.

识、思想与文化的门户。通过对别国与其他文化的信息与知识的获取来促进国际理解与对话。IFLA及其成员承诺,关注数字鸿沟及其引发的信息不平等现象。第二部分提出了全民共享的信息社会的11个重要原则,如信息与通讯基础设施是广义信息社会的重要基础原则,对信息与知识的存取、信息社会的伦理问题,以及国际与地区合作原则等。第三部分阐述了基于知识共享的开放存取的基本观点。

9.4 部分国家制定的相关开放存取政策[1][2]

9.4.1 美国

2004年7月,美国国会要求美国国立卫生研究院(NIH)为免费发表获取由该院资助的研究成果的全部论文制定一项政策。遵照国会的指示,NIH于2004年9月3日发布了《加强对NIH研究信息的公共获取》(Enhanced Public Access to NIH Research Information)的草案。2005年2月3日又发布了《加强对NIH资助研究的存档出版物公共获取的政策》(Policy on Enhancing Public Access to Archived Publications Resulting from NIH-Funded Research)(以下简称《政策》),以促进公众对生物医学文献的获取。《政策》中将先前草案中允许将研究论文出版后6个月存入PubMed Central(PMC)改为"尽快(或12个月之内)"。但是,迫于大出版商反对的压力,将于2005年5月2日生效的最终版本改为"非官方要求"(Voluntary Request)提交原稿。对出版商做出的让步还包括将论文发表后发送到PubMed Central数据库的时间由原来的6个月延长到12个月。尽管将在开放数据库中发布已发表论文的时间推迟达1年之久,但是,这样还是为纳税人提供了开放获取某些生物医学文献的机会。2008年1月,NIH又发布了《政策》的修订版,要求NIH资助的所有研究人员都要

---

[1] Clifford A. Lynch, Joan K. Lippincott. Institutional Repository enployment in the United States as of Early 2005 [EB/OL]. http://www.dlib.org/dlib/september05/lynch/09lynch.html.

[2] Directory of Open Access Repositories. http://www.opendoar.org/

向国立医学图书馆的 PubMed Central 提交其经同行评价同意发表的电子版,供公众利用的时间自正式出版之日起不得晚于 12 个月,但与 NIH 实施的开放存取政策中与版权法不一致的条款除外。

美国国会议员 Joe Lieberman 和 Thad Cochran 等于 2005 年 12 月提出了《2005 年美国治愈中心法案》(The American Center for CURES Act of 2005)。内容有强制性实施开放获取(OAMandate)及相关的条款,建议将联邦政府资助的医学研究论文强制实行开放获取。美国众议院拨款委员会在 2007 年财政拨款法案中要求,NIH 将"请求(Request)"受 NIH 资助的科研成果的作者将其研究论文存入开放获取的数据库,改为"要求"(Require)他们存入 OA 数据库。2007 年 7 月 19 日,美国众议院批准了国立卫生研究院的关于研究机构拨款的研究成果在某一同行评价的期刊上发表 12 个月之内,提供免费的公共网络获取的提案。

9.4.2 英国

2005 年 6 月,英国研究委员会执行小组(RCUK)发表了对开放获取研究成果的立场声明草案。其立场基于 4 项原则:①由公共资助研究产生的概念和知识必须尽可能广泛、快速和有效地向公众开放,供公众利用、咨询和阅览;②发表的研究成果必须通过有效的同行评议机制来严格保证其质量;③研究成果的出版、访问模式和机制在利用公共资金方面必须有效和实现成本效益;④必须将现在和将来的研究成果保存下来,以供下一代人能够访问。2006 年 6 月,该小组在经过多次磋商和讨论之后,仍坚持上述原则,并强调进一步采取必要的措施来坚持其立场。其立场声明包括改变期刊出版方式的两个方面:一是由作者支付出版费;二是作者自己存档其论文的电子版。关于作者支付出版费用方面,该小组重申其长期的立场,即作者有权选择发表他们的研究论文的出版物。并且作者所在的研究机构有权决定作者是否用其研究经费支付版面费或其他发表费。在全面成本核算的体制下,此项支出可作为一个研究机构的间接成本的一部分。关于自行存档研究论文电子版方面,该研究委员会同意其资助的研究人员应当(如果需要的话)将其研究成果存入各研究委员会指定的某一适当数据库。这一要求将在各研究委员会的指导原则规定的时间内开始生效。各研究委员会的指导原则将在其各自的网站上公布,并要求受资助的研究人员:个人存储或采用其他方式保证将其在期刊或会议录上发表的研究论文的副本存入由各研究委员会指定的一个适当数据库;在可能的情况下,个人存储或采用其他方式保证将与其研究论文有关的书目元数据,包括与发表其论文的编辑部的网站链接,一并存入该数据库。

英国研究委员会执行小组对其"立场声明"广泛征求了意见。显然,就作者自行存档问题对期刊订购可能产生的影响听取了各方面的意见。该小组还计划开展以下工作:第一,与有关学会联合召开研讨会,就作者自行存档的问题进行探讨;第二,通过上述研讨会与出版商就版权和许可使用等问题进行磋商;第三,制定一项研究计划,就作者付费和作者自行存档对出版商的影响进行研究。麦克米伦有限出版公司(Macmillan Publishers Limited)、威利—布莱克威尔出版公司(Wiley Blackwell)、Elsevier 出版公司(Reed Elsevier plc)等 3 家大出版公司声明参加该项研究。该研究于 2008 年底结束。英国研究委员会根据研究结果于 2008 年对其立场进行了评估。英国研究委员会的 7 个分支委员会大都要求接受其研究拨款的研究人员须将他们的研究论文存入开放存取的数据库。

9.4.3 中国

2003 年 12 月 29 日,中国科学院院长路甬祥院士代表中国科学家签署了《关于自然科学与人文科学资源的开放获取的柏林宣言》(Berlin Declaration on Open Access to Knowledge in the Sciences and Humanities)(简称《柏林宣言》);2004 年 5 月,中国科学院院长路甬祥教授、中国国家自然科学基金委员会主任陈宜瑜院士代表中国科学院和中国国家自然科学基金会签署了《柏林宣言》,表明中国科学界和科研资助机构支持开放获取的原则立场；2005年6月22日至24日，由中国科学院和国际科学院组织（IAP）联合主办的"科学信息开放获取战略与政策国际研讨会"在北京中国科学院文献情报中心隆重召开；在2006年10月23日至25日在北京召开的第20届国际科技数据委员会（CODATA）会议上，中国科技部原部长徐冠华发布《柏林宣言》。到2020年，80%以上的公益性、基础性科研数据资源将通过因特网面向全社会发布。

目前国内的开放获取研究还处于引进和宣传阶段，真正的开放获取期刊还不多，如奇迹文库、中国科技论文在线、中国预印本服务系统等，其被认可程度还不高。开放获取的实现需要国家、科研机构、科研资助机构、出版机构及信息服务机构的共同努力，需要政策上的制度保障，需要相关的技术支撑，同时还需要人们的信息共享意识的提高。

9.4.4 印度

印度是开展开放存取运动较早的发展中国家之一，也得到了印度国内各界的支持和参与，从政策、经费、实践各方面推动了OA的开展。在2006年1月召开的第93届印度科学大会OA特别会议上，提出了"国家开放存取最优政策"，政府期望来自公共基金资助的研究成果能够最大可能地提供免费获取，为此，政府将采取如下措施：第一，要求将所有部分或者全部由政府资助的发表在同行评议的期刊上的学术论文的电子版，存储到提供OA服务的机构知识库中；第二，鼓励政府资助的研究者在现有的OA期刊上发表研究成果，如果需要，政府将提供出版经费；第三，鼓励政府资助的研究者尽可能保留发表论文的版权。目前，国家知识委员会（NKC）也正在制定类似的开放存取政策和方针，其目的是提高高等教育和研究机构的研究成果在全球范围的广泛传播和免费获取。该国研究机构、出版机构、图书馆、信息中心和社会各公共基金组织都积极参与和组织国内外的OA活动[1]。

---

[1] 于爱群.印度开放存取现状分析.图书馆学研究，2006(12).

9.5 各界对信息资源开放存取的观点[1]

9.5.1 商业出版商

最初,商业出版商对开放存取是持反对态度的。在讨论OA的经济学方面,出版商强调目前期刊的高出版费用问题,以及对电子技术的大量投资和开发新学科领域的出版物等。他们向"作者支付出版费"模式的经济有效性提出挑战。他们认为,OA期刊要么需要提高作者的版面费用,要么寻找可替代的经费来源,以保持长期的发展。例如PLoS在得到摩尔基金会(Gordon and Betty Moore Foundation)的900万美元资助的情况下,仍向作者收取高额的版面费。

美国出版商协会专业学术出版分会的"基本备忘录"中提出了与经费相关的反OA观点,即"NIH为讨好开放存取模式而破坏著名期刊的经济基础"。并且还警告,出版商为补偿图书情报机构停订期刊的费用而被迫向作者收取版面费,而且美国纳税人将向诸如制药公司等发表论文少的机构无代价获取科技论文内容支付费用。商业出版商在反对OA的观点中还引用了伦理方面的证据,即OA偏重作者论文发表,而不重视对其进行过滤或同行评价,因为在经济方面,OA模式依赖作者支付费用,而不是读者。出版商代表还担心期刊的同行评价质量将受到威胁的情况,因为OA出版模式的最终目标是发表大量的论文来获得更多的利润。

商业出版商支持通过HINARI(Health InterNetwork Access to Research Initiative)和AGORA(Access to Global Online Research in Agriculture)向发展中国家提供免费网络版期刊。作为开放存取模式所取得的成果,像施普林格出版社、自然出版集团和牛津大学出版社(Oxford University Press)等大出版公司都正在实验基于OA的替代方法。为对付来自开放存取运动的压力,生物医学和学会出版商最

---

[1] 中国科学院、国家自然科学基金委员会在京签署《柏林宣言》.中国科学基金,2004(4).

近制定了一项协作计划,可为公众提供更多可获取的全文文献。

9.5.2 学会和其他非营利性出版商

与商业出版商一样,多数非营利性出版商也反对OA出版模式。他们指责商业出版商过多地提高期刊价格,并且"大宗订购"又推动了期刊价格的增长。但是他们又认为,论文在出版后6~12个月内,采取开放存取方式没有必要。他们还预测,如果他们的期刊被迫采取OA模式,科学学会的功能将萎缩,因为他们的利润很低。在2005年10月,美国华盛顿特区非营利出版商联合会(DC Principles Coalition)提议对NIH的公共获取政策进行修改,将存入PubMed Central的开放存取论文直接链接到发表该论文的期刊网站上,而不再依靠作者发送其原稿。2005年11月,英国国家科学院和期刊出版商——皇家学会发表一篇立场声明,声明中批评OA机制,并警告OA机制将威胁到传统期刊和依靠订购收入的学术学会的生存。这一声明引起OA倡导者和皇家学会包括诺贝尔奖获得者James Watson等46名著名科学家的强烈反应,他们于12月7日向皇家学会发出了公开信,对学会的立场表示"失望"。当日,英国国家科学院院长Lord Martin Rees就回复了该公开信,皇家学会将保证最广泛地传播研究成果,并且皇家学会也是开放存取的出版公司(已在出版12个月之后提供免费获取的期刊),且在出版后迅速向发展中国家提供。但是,在找到经充分论证并证明能够长期有效的替代模式(如作者付费模式)之前,该院不赞成以这种破坏已得到认可的出版模式来危及学术交流的政策。

9.5.3 图书馆学会和图书馆员

长期以来,世界各国图书馆员一直要求改变目前出版系统的现状,像美国医学图书馆学会、研究图书馆学会和美国图书馆学会等都特别赞赏OA模式。其中许多组织早在2003年就参加了信息获取联盟,致力于促进政府阻止期刊出版界以垄断为目的的兼并。例如,在欧洲的投资巨头 Cinven & Candover 投资银行欲收购贝塔斯曼—施普林格出版公司(Bertelsmann Springer)之初,英、美等国的图书馆界就试图阻止其交易,但未成功。在他们未成功阻止该交易的情况下,多数组织又和纳税人、病人、医师、研究人员和机构等一起,参加了纳税人获取信息联盟(Alliance forTaxpayer Access),以支持公开获取信息。许多图书馆组织都认为,在给出版商时间寻找可替代的期刊出版模式的同时,开放存取还是能够使公众获得更多所需信息的重要模式。许多图书馆员对作者支付出版费模式的经济可行性提出质疑,并想知道 OA 是否能够缓和期刊价格的危机。许多综合性大学的图书馆员已得出结论,由于采用作者付费模式后需要作者支付高额的出版费,全部改为作者付费的出版模式,实际上使他们的机构支付的出版费比目前的订购模式多很多;并且 OA 模式也存在着不平等现象,例如,像制药公司等发表论文少的营利机构将会得到免费期刊论文,而学术机构则承担了作者的绝大多数出版费和经济负担。许多图书馆员认为,即使 OA 模式不能立即减轻图书馆的预算负担,也至少可激发目前的出版商寻找替代方法和能够导致改进信息获取的折中办法。

9.5.4 研究人员、研究机构和投资者

传统意义上,研究人员在高质量的期刊上发表论文的目的一般都是使更多的读者看到其论文,使其研究成果或观点得到认可,提高或维护其声望,以利于提高其地位或职位晋升,以及申请到更多的基金。这些目标可激励研究人员支持 OA 出版模式,以使其论文有更多的读者。但是,许多研究人员反对支付更多有名无实的出版费,一些研究人员则认为,网络出版物的学术影响力远不及印刷版。另一方面,一些科学家团体已成立起重要的 OA 组织,如 PLoS 等。最近英国联合信息系统委员会(JISC)完成的一项研究证实,多数科技作者支持 OA 期刊能够扩大其论文读者群的观点,但许多人难以在其相关领域找到合适的 OA 期刊。绝大多数(81%)的研究人员愿意按照其机构或投资者的要求自行

存档。由于多数机构是请求而不是命令研究人员将其研究论文自行存入其机构的数据库,并且由于时间压力和担心违反版权法等,许多人仍不愿意将其论文存入其机构的专题数据库。学术和研究机构一般都支持OA模式,以增加学术论文的利用率,并降低获取学术论文的费用。所以,研究机构、大学和政府拨款机构声称,他们对其员工的学术论文拥有合法权利,并能够限制其作者将版权转让给出版商。这些做法迫使出版商接受开放存取模式,并允许作者自行存档,或将其论文发送到像PubMed Central等的数据库之中。

9.5.5 开放存取模式的未来

除了STM出版商之外,多数学术出版商还是愿意对现行出版体系进行认真检讨的。许多有声望的图书馆都对目前过高的期刊价格非常重视,但一些OA倡导者认为,他们的主张都突出了更大的问题:即许多重要的研究论文的影响因子低,主要是没有向应有的读者开放,即"获取/影响"问题。多数建议采用两种解决办法,即"绿色"之路(作者自行将在非OA期刊上发表的论文存档)和"金色"之路(在开放存取期刊上发表论文)。由于这两条路均有其各自的优缺点,所以,一些人建议将两者合并。由于迄今提供免费内容的期刊所占的比例相当小,并且这部分期刊基本是依赖作者支付的版面费和基金会或其他机构提供的赞助来运行的。开放存取的成功取决于既要保持传统出版商对论文的同行评价,又要商业出版商允许作者自行存档。即使研究基金提供者要求利用基金的研究论文存入OA数据库,若传统出版商的经营受到严重的威胁,那么他们就会撤出市场或废除自行存档的模式。对于出版商、图书馆员和学者来说,这些都是关键性的问题,并且对有关上述问题研究所提供的数据也有争议,这些都还有待进一步的探索和研究。

9.6 开放存取资源搜索引擎、网站及主要开放存取库

9.6.1 开放存取资源搜索引擎

▲ OAIster：http：//www.oaister.org

该搜索引擎由美国密执安大学数字图书馆制作服务部承担,是一个提供电子图书、电子期刊、录音、图片及电影等数字化资料"一站式"检索的门户网站,被美国图书馆协会评为2003年度最佳免费参考网站。资料源自数百家机构,用户可按字顺浏览机构,每个机构下面有所收录记录的数量、访问的网址和简单的描述信息。用户还可按关键词、题名、创作者、主题或资源类型进行检索。检索结果含资源描述和该资源的链接。标引对象包括国会图书馆美国记忆计划、各类预印本及电子本文献服务器、电子学位论文等。

▲ Citebase：http：//www.citebase.eprints.org/cgi-bin/search

Citebase是英国南开普顿大学和美国康奈尔大学图书馆合作建立的。它允许用户检索学术论文,并将检索结果按照用户所选择的标准来加以显示,例如,根据论文或作者被引用或被浏览的次数来排列,被称为学术论文的"Google"。其目的是面向网上公开获取的论文,提供电子印本库的参考与链接服务,并提供引文与影响分析服务。

9.6.2 开放存取库登记网站[1]

▲ Direcctory of Open Access Repositories, Open DOAR：http：//www.opendoar.org

由英国诺丁汉大学和瑞典Lund大学合作建立。DOAR对各领域的开放存取典藏库进行记录和分类。它提供综合权威的机构典藏库、学科典藏库和由各种资助机构建立的开放存取典藏库的地点、类型、收藏资料等,以便用户检索使用这些典藏库。它既适合那些想在

---

[1] Public Access Mandate MadeLaw. http：//www.tax payer access.org/media/release 07-12 26.html. [2009-12-28].

专门的典藏库中查找原始研究论文的用户使用，也适合诸如搜索引擎等服务的第三方使用。

▲ Registry of Open Access Repositories，ROAR：http：//www.roar.eprints.org

它是一个开放存取机构库注册的网站，由英国南安普敦大学的Tim Brody建立和维护。目前已收录各种类型的机构典藏库780多个，是获取机构典藏库资源的重要网站。用户可通过国家、内容类型、所使用软件的类型来浏览所需要的机构典藏库资源。该网站还提供快速检索功能。

▲ Registered Data Providers：http：//www.open archives.org/Register/BrowseSites

它是一个收录依OAI-PMHV2.0协议构建的机构典藏库的登记网站。到2008年12月4日，已收录646个典藏库，按典藏库的名称、URL排序。用户可通过浏览IR的名称，进入相关机构典藏库的网站。

▲ OAI Repository Explorer：http：//www.re.cs.uct.acza/

由开普敦大学的Hussein Suleman建立和维护。目前收录机构典藏库108个。

9.6.3 主要开放存取库

• 美国Dspace at MIT：http：//dspace.mit.edu

• 美国Cornell University Dspace Digital Repository：http：//dspace.library.cornell.edu/index.jsp

• 美国加利弗尼亚理工学院电子论文和学位论文典藏库(Caltech Electronic Theses and Dissertations)：http：//etd.caltech.edu/ETD-db/ETD-browse/browse? first letter all

• 日本National Institute of Informatics：http：//ju.nii.ac.jp/

• 德国MeIND：Hauptseite CDSWare：http：//www.meind.de/

• 德国Ludwig-Maximilians-Univer Sitat Munchen Dissertationea：http：//edoc，Ub.Uni-muenchen.de/

- 荷兰 Wageningen Univetstity and Research Centre：http：// library. wur. nl/way/
- 英国 CCLRC ePublication/Archive：http：// epubs. cclrc. ac. uk/
- 英国 Dspace at Cambridge：http：// www. dspace. cam. ac. uk/
- 法国 HAL：Hyper Article en Ligne：http：// hal. ccsd. cnrs. fr/
- 法国 Revues. org Federation de revues en ligne en sciences humaines et sociales：http：// www. revues. org/
- 巴西 Biblioteca Digital de Tesese e Dissertacoes（BDTD）：http：// bdtd. ibict. br/bdtd
- 澳大利亚 The Australian National University：http：// www. dspace. anu. edu. au/
- 瑞典 Lund university Institutional Archive：LU：research GNU Eprints：http：// ask. lub. lu. se
- 加拿大 T-Space at The University of Toronto Libraries：http：// www. tspace. library. utoronto. ca
- 西班牙 RACO：http：// www. raco. cat
- 中国香港科技大学机构典藏库 Hong kong University of Science and Technology Institutional Repository：http：// www. reposi tory. ust. hk/dspace/
- 印度 Indian Institute of Science. Bangalore. India：http：// www. eprints. iisc. ernet. in/
- 意大利 European University Institute：http：// www. cad mus. iue. it/dspace/
- 中国（香港）Hong Kong University Theses Online（HKUTO）：http：// www. sunzil. lib. hku. hk/hkuto/index. jsp

9.6.4 开放存取学术资源利用平台简介

随着网络技术的发展，开放存取资源得到了空前的发展。OA 期刊和 OA 仓储为研究人员获取学术资源提供了一条崭新的途径。但是，许多OA资源是分散存放在世界各地不同的服务器和网站上的,因此用户很难直接、全面地检索到这些资源。目前在OA资源揭示方面,比较有代表性的平台有:cnpLINKer、Socolar、DOAJ、OpenDOAR和Open J-Gate。它们在进行OA期刊和OA仓储的整理上各有所长。

▲ 中图链接服务(cnpLINKer):(http://www.cnp linker.cnpeak.com/index.jsp)

cnpLINKer(cnpiec LINK service),即中图链接服务,是由中国图书进出口(集团)总公司开发并提供的国外期刊网络检索系统,于2002年底开通运行。目前该系统共收录了国外1 000多家出版机构的25 500多种期刊的目次和文摘数据,并保持适时更新。至2008年9月8日,cnpLINKer收入的OA期刊已有13 787种,包含文章7 365 082篇,可供用户免费下载全文。除为用户提供快捷灵活的查询检索功能外,电子全文链接及期刊国内馆藏查询功能也为用户迅速获取国外期刊的全文内容提供了便利。全新改版的cnpLINKer系统优化了查询检索性能,并在完善原有系统服务功能的基础上,增加了更为个性化的功能栏目,旨在为国内广大用户提供一个统一的检索、获取国外期刊的网络信息服务平台。

▲ OA资源一站式检索服务平台(Socolar):(http://www.socolar.com/)

Socolar是由中国教育图书进出口公司对世界上重要的OA期刊和OA仓储资源进行全面的收集、整理并提供统一检索的集成服务平台,是目前最大的开放存取资源集成检索平台。至2008年9月8日,Socolar收入的OA期刊已有7 297种,包含文章11 133 911篇、OA仓储975个。通过Socolar,可以检索到来自世界各地、各种语种的重要OA资源,Socolar还提供OA资源的全文链接服务。其最终目标是实现以下功能:

• OA资源的检索和全文链接服务功能:全面系统收录重要的OA资源,包括重要的OA期刊和OA仓储,为用户提供题名层次(title-level)和文章层次(article-level)的浏览、检索及全文链接服务。

• 用户个性化的增值服务功能：根据用户的个性化需求，为用户提供 OA 资源各种形式的定制服务和特别服务。

• OA 知识的宣传和交流功能：建立权威的 OA 知识宣传平台和活跃的 OA 知识交流阵地。用户可以通过该平台，了解 OA 的基本知识和发展动态，也可以与他人进行互动交流。

• OA 期刊的发表和仓储服务功能：为学者提供学术文章和预印本的 OA 出版和仓储服务。

▲ DOAJ（Directory of Open Access Journals 开放存取期刊目录）：(http://www.doaj.org/)

DOAJ 的主要内容是开放存取期刊的列表，并提供网络链接。其宗旨是增加开放存取学术期刊的透明性、可用性、易用性，提高期刊的使用率，扩大学术成果的影响力。该目录收录的均为学术性、研究性期刊，具有免费、全文、高质量的特点。资源范围涵盖 17 个一级学科，包括：农业及食品科学、艺术及建筑学、生物及生命科学、商业与经济学、化学、地球及环境科学、健康科学、历史及考古学、语言及文学、法律及政治学、数学及统计学、哲学及宗教学、物理及天文学、一般科学、社会科学、工程学等，语种不限。DOAJ 的目标是"让开放途径的科技期刊能够更广泛和更方便的被读者看到，使它们的作用能得到更大发挥"。目前 DOAJ 不仅提供开放存取期刊的列表和网络链接，还提供系统内的期刊检索和文章检索服务，并通过专栏特别推荐最近 30 天收录的开放存取期刊。至 2009 年 9 月 8 日，DOAJ 收录的期刊已有 5 614 种，包含文章数 408 771 篇。

▲ OpenDOAR（Directory of Open Access Repositories 开放存取仓储目录）：(http://www.opendoar.org/)

OpenDOAR 是由英国诺丁汉（Nottingham）大学和瑞典伦德（Lund）大学图书馆在 OSI（Open Society In2situte）、JISC（JointInformation System Committ ee）、CURL（Consortium of Research Libraries）和 SPARC（The Scholarly Pub li shing and Academic Resources Coalition）等机构的资助下，于 2005 年 2 月共同创建的开放存取机构资源库、学科资

源库目录检索系统。用户可以通过机构名称、国别、学科主题、资料类型等途径检索和使用这些知识库。它和开放存取期刊目录（DOAJ）一样，是当前网络免费全文学术资源（期刊论文、会议论文、学位论文、技术报告、专利、学习对象、多媒体、数据集、工作论文、预印本等）检索的主要平台。

DOAR 收录的学术仓储按学科领域分为 29 类，主要是：心理学、管理与规划、图书馆与信息科学、法律与政治、教育、商业与经济学、语言及文学、历史及考古学、机械工程与材料、电子工程、计算机与 IT、土木工程、建筑学、数学与统计学、化学与化学工程等。由于每个仓储收录的文献内容往往涉及多个学科，所以一般的学术仓储都分别属于 29 个类中的若干个类别。至 2008 年 9 月 8 日，OpenDOAR 收录的学术仓储数为 1 100 个。

▲ OPEN J-Gate（开放存取期刊门户）：(http：// www.openJ-Gate.com)

Open J-Gate 提供基于开放获取期刊的免费检索和全文链接。它由 Informatics (India) Ltd 公司于 2006 年创建。其主要目的是保障读者免费和不受限制地获取学术及研究领域的期刊和相关文献。至 2009 年 9 月 8 日，OPEN J-Gate 收录的期刊已有 6 438 种，其中超过 3 500 种学术期刊经过同行评议。OpenJ-Gata 是目前世界最大的开放获取期刊门户。相比较而言，在开放存取资源集成服务系统中，Open J-Gate 的学科分类最为完备。其学科分类包括一级类目、二级类目和三级类目。

Open J-Gate 的主要特点有：

• 资源数量大。目前，Open J-Gate 系统地收集了全球约 9 000 种 OA 期刊，包括学校、研究机构和行业期刊。其中超过 6 430 种学术期刊经过同行评议（Peer-Reviewed）。

• 更新及时。Open J-Gate 每日更新。每年有超过 30 万篇新发表的文章被收录，并提供全文检索。

• 检索功能强大，使用便捷。Open J-Gate 提供三种检索方式，分别是快速检索(Quick Search)、高级检索(Advanced Search)和期刊浏览(Browse by journals)。在不同的检索方式下,用户可通过刊名、作者、摘要、关键字、地址、机构等途径进行检索,检索结果按相关度排列。

• 提供期刊"目录"浏览。用户通过浏览,可以了解相应期刊的内容信息。

9.6.5 国内外开放存取免费资源的网址

国内:

▲ 中国科技论文在线(http://www.paper.edu.cn/)

中国科技论文在线是经教育部批准,由教育部科技发展中心主办的科技论文网站。该网站提供国内优秀学者论文、在线发表论文、各种科技期刊论文(各种大学学报与科技期刊)的全文,此外还提供对国外免费数据库的链接。

▲ 中国预印本服务系统(http://www.prep.istic.ac.cn/eprint/index.jsp)

中国预印本服务系统提供对国内科研工作者自由提交的科技论文的浏览服务,一般只限于学术性文章。其收录范围按学科分为五大类:自然科学、农业科学、医药科学、工程与技术科学、人文与社会科学。

▲ 奇迹文库预印本论文(http://www.qiji.cn/)

奇迹文库预印本论文系统收录的学科范围主要包括自然科学(理学、数学、生命科学等)、工程科学与技术(计算机科学、信息处理、材料科学等)、人文与社会科学(艺术、法学、政治、经济、图书情报学等),以及科学随想、毕业论文、热门资料等。奇迹文库预印本论文专门收录中文原创研究文章、综述、讲义及专著(或其中的章节),同时也收录作者以英文或其他语言写作的资料。

▲ 香港科技大学图书馆知识库(http://www.repository.ust.hk/dspace/)

香港科技大学图书馆知识库是由香港科技大学图书馆用Dspace软件开发的一个数字化学术成果存储与交流知识库,收有由该校教学科研人员和博士生提交的论文(包括已发表和待发表)、会议论文、预印本、博士学位论文、研究与技术报告、工作论文和演示稿全文,共1 754条。浏览方式有按院、系、机构(Communities&Collections),按题名(Titles)、作者(Authors)和提交时间(By Date)等途径。检索途径有任意字段、作者、题名、关键词、文摘、标识符等。

▲ 中国科学院科学数据库(http://www.sdb.ac.cn/)

中国科学院科学数据库的内容涵盖了化学、生物、天文、材料、光学机械、自然资源、能源、生态环境、湖泊、湿地、冰川、人气、古气候、动物、水生生物、遥感等多种学科。科学数据库基于中国科技网对国内外用户提供服务,在中国科技网上已建立了集中与分布的 Web 站点19 个,上网专业数据库 153 个。科学数据库由中心站点和分布在网上本地和外地的相互独立的若干个专业库子站点组成。

▲ 北京大学生物信息中心(http://www.cbi.pku.edu.cn/chinese/)

北京大学生物信息中心涵盖了从单个基因表达调控到基因组研究、从 DNA 序列到蛋白质结构功能及文献查询、网络教程等各个方面内容,为生命科学工作者提供全面的生物信息资源服务。

▲ 北大法律信息网(http://www.chinalawinfo.com/index.asp)

北京大学法律信息网包括法律、法规司法解释全库、中国地方法规库、中华人民共和国条约库、外国与国际法律库等多种不同类型的法规数据库。网站为用户提供所需的法规文献,还可以通过题名、作者、全文的方式查找所需的法学文献。

▲ 中国医学生物信息网(http://www.cmbi.bjmu.edu.cn/)

中国医学生物信息网全面、系统、严格和有重点地搜集、整理国际医学和生物学的研究信息,包括各种原著、综述、web 资源。通过对其分析、综合,为我国医学和生物学的教学、科研、医疗和生物高技术产业的发展提供信息服务。

▲ 中国微生物信息网络(http://www.micronet.im.ac.cn/chinese/chinese.html)

中国微生物信息网络收录了国际核酸序列数据库、法国细菌名称数据库、中国微生物菌种目录数据库、中国经济真菌数据库、细菌名称数据库、革兰氏阳性杆菌编码鉴定数据库、微生物物种编目数据库、西藏大型经济真菌数据库。为微生物学者提供各种有价值的资料。

▲ 北京大学蛋白数据库（http：//www.gzsums.edu.cn/html/med/peking.htm）

北京大学蛋白数据库是一个专业数据库，从中可以检索到蛋白质数据库（PDB）、蛋白质结构分类（SCOP）、蛋白质信息资源（PIR）等生物信息资源。

▲ 中国知识产权网（http：//www.cnipr.com/）

中国知识产权网提供国内知识产权信息的检索、咨询服务。

国外：

▲ DOAJ：Directory of Open Access Journals［开放期刊目录］（http：//www.doaj.org/）

DOAJ是一个重要的开放期刊平台，目前已经收录了7 116种期刊和超过64万篇的论文，其中有691种期刊可以直接检索全文。

▲ ArXiv.org（http：//www.arxiv.org/）

此网站提供物理学、数学、非线性科学、计算机科学、数量植物学等方面的全文文献。

▲ SPARC：Scholarly Publishing and Academic Resources Coalition［学术出版与学术资源联盟］（http：//www.arl.org/sparc/）

学术出版与学术资源联盟创建于1998年6月。它是由大学图书馆和相关教学、研究机构组成的联合体，本身不是出版机构。目前成员已经超过300多家。旨在致力于推动和创建一种基于网络环境、真正为科学研究服务的学术交流体系。

▲ PLoS：Public Library of Science［科学公共图书馆］（http：//www.plos.org/）

科学公共图书馆是一个为科学研究、尤其是医学研究服务的非营利性组织，其目的是使世界的科学、尤其是医学资源成为开放存取资源。

▲ BMO:BioMedCentral[生物医学中心](http://www.biomedcentral.com/)

生物医学中心提供各种在线存取的生物医学文献。

▲ HighWire Press[海威出版社](http://www.highwire.stanford.edu/)

HighWire Press 是全球最大的提供免费全文的学术文献出版商,由美国斯坦福大学图书馆于1995年创立。最初仅出版著名的周刊"Journal of Biological Chemistry",目前已收录电子期刊910多种,文章总数已达230多万篇,其中超过77万篇文章可免费获得全文。通过该网站还可以检索 Medline 收录的4 500种期刊中的1 200多万篇文章,可看到文摘题录。HighWire Press 收录的期刊包括:生命科学、医学、物理学、社会科学。

▲ IEEE-SA[国际电气电子工程师标准协会](http://standards.ieee.org/)

提供各行各业的国际性标准。

▲ Find Articles[论文搜索网](http://www.findarticles.com/)

论文搜索网提供多种顶极刊物中的上百万篇论文,供用户浏览检索,涵盖艺术与娱乐、汽车、商业与经融、计算机与技术、健康与健身、新闻与社会、科学教育、体育等各个方面的内容。

▲ American Chemical Society[美国化学学会](http://www.acs.org/)

该系统是 ACS 建立的电子期刊全文资料库。提供该学会出版的31种电子期刊,且收录的都是最新资料。

▲ 10. sciencedirect[科学直通车](http://www.sciencedirect.com/)

科学直通车收录了包括物理工程学、生命科学、医学、人文与社会科学等方面的期刊2 000多种。提供350个科学、技术和医学出版商的刊物链接。

▲ sciseek[科学探索网](http://www.sciseek.com/)

科学探索网提供包括农林工程、化学、物理和环境科学方面的期刊链接。

▲ NDLTD：Networked Digital Library of Theses and Dissertations (http://www.tennessee.cc.vt.edu/Elming/cgi-bin/ODL/nmui/members/index.htm)

该数据库为用户提供免费的学位论文文摘和部分全文资源链接,可在线直接看到 NDLTD 成员的部分线上学位论文。

▲ IOP Electronic Journals[英国皇家电子期刊](http://www.journals.iop.org/)

英国皇家电子期刊提供生物学、数学、物理学、工程学等方面的电子期刊全文。

▲ NIST Chemistry WebBook[美国技术与标准研究所化学网络图书](http://webbook.nist.gov/)

NIST Chemistry WebBook 是美国国家标准与技术研究所(NIST)的标准参考数据库(Standard Reference Data)中的化学部分站点。该站点是网上著名的物理化学数据库。

9.6.6 国内外开放存取资源及大学 OA 仓储表

▲ 国内开放存取电子资源

序号	名　称	网　址
1	奇迹文库	http://www.qiji.cn/
2	中国科技论文在线	http://www.paper.edu.cn/home.jsp
3	中国预印本服务系统	http://prep.istic.ac.cn/eprint/index.jsp
4	Arxiv 中国镜像	http://cn.arxiv.org/
5	Socolar 开放存取一站式检索服务平台(测试版)	http://www.socolar.com/
6	Oajs,开放阅读期刊联盟	http://www.oajs.org/
7	开放存取的中国期刊	http://www.oalib.com/Html/OAziyuan1/cangchuku48613.html
8	中国科学院科学数据库	http://www.csdb.cn/
9	国家科技图书文献中心(NSTL)	http://www.nstl.gov.cn
10	开放存取资源图书馆	http://www.oalib.com/Index.html

▲ 国内外大学 OA 仓储

序号	名　称	网　址
1	剑桥大学机构知识库	http://www.dspace.cam.ac.uk/
2	美国加利弗尼亚大学机构收藏库	http://repositories.cdlib.org/escholarship
3	澳大利亚阿得雷德大学仓储库	http://digital.library.adelaide.edu.au/dspace/
4	丹麦奥尔堡大学电子收藏库	http://www.aub.aau.dk/phd/
5	台湾静宜大学硕博论文系统	http://ethesys.lib.pu.edu.tw/ETD-db/
6	香港科技大学机构 Dspace	http://repository.ust.hk/dspace/
7	香港大学论文库（HKUTO）	http://sunzi1.lib.hku.hk/hkuto/index.jsp
8	厦门大学学术典藏库（XMU IR）	http://dspace.xmu.edu.cn/dspace

▲ 国外开放存取（Open Access）资源

序号	名称及网址	简　介
1	HighWire http://intl.highwire.org/lists/freeart.dtl	HighWire Press 是全球最大提供免费全文学术文献的出版商之一，1995 年由美国斯坦福大学图书馆创立。目前已收录电子期刊文章 497 万多篇，其中超过 200 万篇文章可免费获得全文。数据每日更新。
2	Directory of Open Access Journals（简称 DOAJ）(http://www.doaj.org/)	由瑞典 Lund 大学图书馆和学术出版与学术资源联盟创建，收录范围涵盖 17 种学科主题，共收录 3 700 多种期刊目录，可以检索到其中 1 300 多种期刊的 22 万多篇文章。
3	Open Science Directory (http://www.opensciencedirectory.net/)	收录 1.3 万多种开放存取期刊目录。
4	Public Library of Science（简称 Plos）(http://www.plos.org/)	plos 是由众多诺贝尔奖得主和慈善机构支持的为科技人员和医学人员服务的非赢利性学术组织。出版了 8 种生命科学与医学领域的国际顶级水平的开放存取期刊。可以免费获取全文。
5	Open J-Gate(http://www.openJ-Gate.com/)	收集约 4 500 多种学校、研究机构和行业的期刊，其中 2 400 多种学术期刊经过同行评议。
6	ArtsEdge(http://artsedge.kennedy-center.org/)	ArtsEdge 是肯尼迪艺术中心的下属网站，为全美各类学校老师和学生提供网上艺术教育服务。
7	BioMed Centr(http://www.biomedcentral.com/home)	收录英国伦敦生物医学中心的近 200 种免费全文期刊。

续上表

序号	名称及网址	简　介
8	Educators Reference Desk (http://www.eduref.org/)	提供超过100万条有关教育研究、理论和实践的资料。
9	CiteSeer(http://citeseer.ist.psu.edu/)	通过引文链接检索文献,主要涉及计算机科学领域。
10	In the first Person(http://www.inthefirstperson.com/firp/index.shtml/firp/index.shtml)	它是一个人物传记索引,免费提供全球人物的信件、日记、回忆录、自传、口述历史、记录等。
11	PubMed Central (http://www.pubmedcentral.nih.gov/)	它是美国国家生物技术信息中心(NCBI)于2000年创建的有关生命科学期刊文献的数字化存档库。
12	The SAO/NASA Astrophysics Data System(简称 ADS)(http://adswww.harvard.edu/)	它是美国国家航空和宇宙航行局的天体物理学数据系统。

9.7　开放存取相关利益方介绍[1][2]

9.7.1　政府机构

许多国家都由政府用纳税人的钱来资助和扶持重要的科研工作,因此许多人认为作为纳税人有权自由获取科学论文。这也是许多国家政府关注学术出版开放存取的原因。

近年来,英国、美国和欧盟的政府部门都对学术出版展开了全面深入的调查。有41%的科学论文产生于欧洲,31%的科学论文产生于美国。这些调查研究的结果将会对全球的学术出版业产生重大影响。2004年,英国的科技委员会(Science and Technology Committee)对科技出版物进行了调查,其目的是了解"学术界对学术期刊的获取情况,尤其是学术期刊的价格和可获得性"。同时,也要求此次调查能评估当前向电子出版转移的趋势以及可能对学术期刊和科学安全产生的

---

[1] http://www.nature.corn/nature/focus/aceessd ebate/
[2] http://www.macmillan.com/07092004 emboandnpg.asp.

影响。2004年7月,该报告发布。委员会得出的结论是,当前的学术出版模式是不太令人满意的,作者付费的出版模式是可行的。它的一个重要建议是:每个研究委员会(Research Council)的分支机构为其资助的研究人员设立一笔基金,如果研究人员愿意支付开放存取期刊的作者费用,那么就可以使用该基金。

2004年9月,美国国家卫生研究院(NIH,National Institutesof Health)宣布了一个计划草案,要求它资助产生的研究成果在期刊上发表6个月以后,必须提供开放存取。美国国会对NIH的提议表示支持。

2004年6月15日,欧盟开始了一项针对欧洲科学出版市场经济与技术变化情况的调查研究。

另外,早在2004年初经济合作与发展组织(OECD,. Economic Cooperation and Development)的一次大会上,共有30多个国家签署了《公共资助研究数据的存取宣言》,承认对研究数据的开放存取有助于提高世界范围内科研的质量和效率[1]。

9.7.2 图书馆界

由于开放存取能够大幅度地降低读者获取文献资料的成本,同时也使读者获得资料的时效性大为提高,因此,图书馆无疑是开放存取运动的最大受益者。

2001年10月,ARL创建了学术出版与学术资源联盟(SPARC, Scholarly Publishing and Academic Resources Coalition),3年后,联盟建立了欧洲分部(SPKRC Europe)。目的在于鼓励开放存取期刊或低价学术期刊的出版,从而与商业学术出版商昂贵的同类期刊竞争。SPARC目前拥有近300名机构会员,与之合作的开放存取出版机构和开放存取刊物有 DOAJ、PLoS、BMC、电子印本网络(E. Print Network)、《经济学公告》(Economics Bulletin)和《机器学习研究期

---

[1] http://www.thelancet.com/journal/vol364/iss9428/fullllan.364.9428 analysis and interpretation.30166.1.

刊》(Journal of Machine Learning Research)等。SPARC还发起组织了一个由ARL、PLoS、医学图书馆协会(Medical Library Association)、保健科学研究图书馆协会(the Association of Academic Health Sciences Libraries)、公共知识(Public Knowledge)、OSI和其他机构组成的旨在促进开放存取发展的开放存取工作小组(OAWG, Open Access Working Group)。它开展了一系列活动,如发起纳税人开放存取联合行动(Alliance for Taxpayer Access);向美国国会和NIH写信,支持开放生物医学领域的研究成果;向英国下院委员会递交备忘录,为当前学术出版的现状提供证词,并建议委员会采取行动支持开放出版等。上述行动都产生了很大影响。

2004年2月,IFLA发布了《关于学术文献与研究文档的开放存取声明》,承诺将通过大力支持开放存取运动和开放存取出版物来促进全人类对信息的最广泛获取。2004年6月,大不列颠哥伦比亚图书馆协会(British Columbia Library Association)在《关于开放存取的决议》(Resolution on Open Access)中正式宣布,将致力于开放存取运动。不久,加拿大研究图书馆协会(CARL, Canadian Association of Research Libraries)向加拿大社会科学与人文科学研究委员会递交了一份简报,推荐几种新型的、更加有效的科学信息交流方式。2004年10月,苏格兰国家图书馆(National Library of Scotland)的合作伙伴苏格兰战略信息工作小组(ScottishScience Information Strategy Working Group)起草了《关于开放存取的苏格兰宣言》(Scottish Declaration of Open Access),并于2005年3月正式发布。

另外,单个图书馆,如美国哈佛大学、耶鲁大学、华盛顿大学等图书馆都在主页上宣传和推荐开放存取的科学信息交流方式。国内的中科院半导体研究所图书信息中心也在主页上设立了"开放资源中心"栏目,对科研人员常用的开放存取资源进行集中组织和揭示。还有一些图书馆则直接投身于开放存取实践活动,例如,2002年,麻省理工学院图书馆与惠普公司共同开发了DSpace系统,该系统迅速发展,很快建立了一个由剑桥大学、哥伦比亚大学等7家著名大学直接参与的联合机构仓储。另外,加州大学数字图书馆创建的致力于社会科学和人文科学领域研究成果为用户免费访问的 E. Scholarship,也是一个成功的机构仓储;并且它还尝试在仓储内部引入另一种开放存取出版方式,即经过同行评审的开放存取期刊。

9.7.3 学术界

▲ 研究人员

研究人员在选择投稿期刊时会考虑很多因素,刊物的质量和声望、发行量、影响力等都是作者要考虑的,另外出版的速度、是否被二次文献(文摘和索引)收录,也是研究人员所看重的。由于开放存取出版消除了价格障碍,能够让更多读者阅读和利用论文,因此它对于扩大研究人员及其研究成果的影响是有积极意义的。这是许多作者比较容易接受开放存取期刊的一个根本原因。对计算机科学领域实施开放存取的会议论文所作的调查,以及针对更广泛的学科领域进行的类似研究都证明了这一点。还有一些作者则站在更为自觉的立场,认为选择开放存取出版是向学术研究核心价值观的回归,即必须通过鼓励学术信息交流而非限制学术信息交流来促进学术研究的发展。2004 年,网络信息联合会(CNI,Coalition for Networked Information)所做的针对高校作者的调查也显示,87%的被调查者认为,开放存取出版最吸引人的是它对所有读者开放及由此带来的论文发行量。当然,不同学科的情况有所不同。也有一些非常专深的学科领域,其作者更关心研究成果是否被少数卓有成就的同行所看重。

反过来看,由于某学科领域的作者也是该学科领域的读者,所以,他们更容易理解开放阅览对科学发展的重要作用。在对科学顾问委员会(Science Advisory Board)成员所做的调查中,14 000 名被调查者中有 80%的人认为,由于种种原因无法获取文献是搜索过程中最令人沮丧的事情。

由于上述正反两方面的原因,因此,尽管对作者而言通过开放存取期刊发表论文可能需要交纳一定费用,但是一方面大多数作者可以通过研究基金或由所属机构来解决费用问题;另一方面,对于经费紧张的作者,许多开放存取期刊的出版商也愿意减免费用,所以作者对开放存取出版模式的接受程度是比较高的。

▲ 科研机构和科研资助机构

由于一方面开放存取使得研究成果得到更多引用,影响更大;另一方面,科研机构图书馆在获取科研成果时,不必再受高昂定价以及各种保护性技术手段的限制,因此,尽管可能要为研究人员支付一定的论文发表费用,学术科研机构及科研资助机构对开放存取运动还都是非常支持的。

例如,2004年5月25日,澳大利亚8所主要研究型大学发布了《对学术信息开放存取的声明》(Statement on open access to scholarly information)[1]。澳大利亚的国家学术交流论坛(National Scholarly Communications Forum)也支持学术交流模式向开放存取期刊、机构仓储等方向发展[2]。

2004年9月16日,美国国家科学院委员会(Council of the National Academy of Sciences)发表声明,支持NIH的政策,相信它对全球科学的发展和全球人民的利益有促进作用。[3] 美国的基因联盟(Genetic Alliance)拥有600多个会员组织,非常支持国家科学院委员会的主张。另外,美国大学协会(American Association of Universities)、美国商会(us Chamber of Commerce)、美国独立研究机构协会(Association of Independent Research Institutes)也都公开发表对NIH表示支持的声明[4]。

▲ 学会

一些学会热情地支持开放存取出版模式。例如,美国昆虫学学

---

[1] http://www.carlabrc.ea/projeets/sshre/transformati on.brief.pdf.

[2] httpas://www.lo.org/lo/information/freeaccess.html.

[3] http://www.4.nationalaeademies.og/Hews.nsf/isbn/s09162004 7 Open Doeument.

[4] http://www.genetiealliance.ors/openaccess.asp.

会(Entomological Society of America)是最早实现论文开放存取的组织。美国湖泊与海洋学会(American Society of Limnology and Oceanography)也接着采用了这种模式。从2001年开始到2003年，66%的作者为其论文的开放存取支付了费用。2003年，有学者对开放存取论文的研究表明，其下载量比基于订阅的论文的发行量多2.8倍。因此，像马普学会这样的重要学会都鼓励会员在开放存取期刊上发表论文，并在进行学术评价和授予终身教席时，对这些文章予以承认。

但是，也有一些学会出于现实考虑而怀着矛盾的心情看待开放存取出版模式。它们认为，这多少会威胁到其财政收支情况。原因在于：如果对所有人都免费提供期刊内容，那么会员们就会失去缴纳会费的积极性。而且一直以来，学会还利用从出版物获取的收入来补贴其他一些活动，如会议、提供津贴和通讯快报等；减少这些补贴也会降低对会员的吸引力。因此，从长远来看，自身的生存和发展将会受到影响。但是从另外一方面来看，开放存取模式必然导致学会期刊在国际上知名度和影响力的扩大；而且由于潜在读者遍布全球，因此期刊也许能比从前吸引到更多广告从而获取额外收入。持这种态度在学会中是比较普遍的。由学会联合签署的《华盛顿免费科学存取原则》(Washington D. C. Principles For Free Acces to Science)，一方面对科学文献的开放存取表示了支持，但同时也对其后果表示了多种担心。

还有一些学会出版商则表示了更多的怀疑。美国化学学会(ACS, American Chemical Society)出版部总裁Robert D. Bovenschuhe说："我们没有看到任何令人信服的个案能够促使我们放弃传统的订阅模式，而转向一个充满风险的、未经检验的模式，那样也许会使我们的出版项目面临危险。"而ACS更加不愿意看到的，是开放存取出版可能危及它用出版收入支持的其他活动。另外，电气工程师学会(IEE, Institution of Electrical Engineers)，也对科技委员会呼吁学术出版商采用开放存取出版模式的报告《科学出版：对所有人免费？》(Scientific Publications:Freefor all?)表示了强烈的保留态度，并提到了作者付费模式的 3 种缺陷。而美国微生物学会（Society for Microbiology）、美国物理学会（American Physical Society）、美国血液学学会（American Society of Hematology）的反应就更为冷淡。美国实验生物学学会（Federation of American Societies of Experimental Biology）联合会总裁 Paul W. Kincade 对《科学家》（The Scientist）期刊说，他讨厌"被强迫做任何事情"。

  总的来说，学会出版商往往乐于采用更加灵活的出版方式。例如，美国生理学学会（American Physiological Society）规定，作者如果向《生理基因》（Physiological Genomicg）期刊交纳 1 500 美元，那么论文一经发表就可以被自由存取；如果作者不交费，那么读者只能通过订阅来获取论文，或者经过 12 个月的禁止期（embargo）以后才提供开放存取。到 2004 年，大约有 10% 的作者同意付费。另外，在 2004 年 11 月 15 日的新闻发布会上，美国物理研究院（American Institute of Physics）也宣布它的 3 种期刊开始尝试开放存取出版模式。数学统计研究院（Institute of Mathematical Statistics）理事会则决定，将它 4 种期刊的所有文章都放在 arXiv 电子印本仓储中。

9.7.4 出版商

▲ 传统商业学术出版商

  对出版商而言，开放存取是一种挑战。如果从传统的商业模式转变为开放存取模式，那么原来依靠销售所获取的高额利润将不复存在。因此不难理解，大多数出版商对开放存取一直持怀疑和抵制态度。但是随着非营利性的高水平的开放存取期刊日益增加，随着越来越多的资助机构提供经费用于作者付费的开放存取出版，越来越多的高等教育机构和研究机构建议研究人员将成果发表在开放存取期刊上，出版商的态度也在发生变化。

  有些出版商强调传统编辑过程为学术界提供了必不可少的服务，其专业经验在进行同行评议、权利与许可管理等过程中是十分有价值的。现行学术出版体系的改变意味着学术质量和学术标准的降低,而且将出版费用转嫁到科学家及科研机构头上,最终受害的将是整个科研事业。有些出版商强调他们在科学信息交流过程中创造的附加价值,认为如果出版企业都卷入开放存取运动,整个学术出版业将面临巨大风险。还有些出版商指出缺乏资金将抑制他们的创新行为,甚至妨碍他们履行自己的基本职能。收入不多的小型出版商则对此最为焦虑。

▲ 开放存取出版模式影响下的出版商

另外,具有代表性的观点,如美国出版商协会专业与学术委员会(ProfessiOnal and Scholarly Publishing at the Association of American Publishers)副总裁 Barbara Meredith 指出,协会不反对开放存取,但是反对政府决定研究成果如何出版来干涉自由市场的做法。还有一些出版商联合签署了一封致 NIH 的信,表达了不同观点。但是迫于压力,越来越多的出版商采取了灵活的策略。他们一边主张任何时候开放存取出版都应只限于研究性文章,而对于综述、通信、社论等还是应该实行付费存取模式;一边则积极尝试让作者选择是传统出版模式还是用开放存取出版模式。

斯普林格出版公司(Springer)采用一种称为"开放选择期刊"(Open Choice Journals)的做法,兼有传统的基于订阅的模式和作者付费的模式。这给作者提供了更大的选择余地。Springer 认为,并没有太多的人对开放存取出版感兴趣,而开放选择可以证实究竟有多少作者能够接受开放存取这种出版模式。[1] 至于基于订阅的学术期刊,出版社则采取以该模式出版的论文数量来逐年调整订阅期刊的价格的方法。牛津大学出版社是另一家尝试开放存取的传统出版商。《核酸研究》(NAR,Nucleic Acids Research)的作者在付费之后,其论文一经发表,就可以实现开放存取。NAR 也提供了对会员机构的研究人员降低收费的选择。因此,该期刊的收入由作者资助费、机

---

[1] Bobby Pickering. Springer Blasts Open Choice Criticism [J/OL]. Information World Review,20 September 2004. http://www.iwr.co.uk/iwreview/1158226.

构会员费和印刷版订阅费三部分组成。2005年,该期刊转型成了完全的开放存取期刊。此外,牛津大学出版社还尝试创办一份全新的开放存取期刊——Evidence based Complementary and Alternative Medicine。布莱克威尔出版公司(Blackwell Publishing)认为,由于它是为学会服务的出版社,因而在采用更为开放的出版模式时面临更大的挑战,因为学会常常用低价或者免费获取会刊的方式来吸引会员,因此,如果所有读者都可以免费存取学会期刊,也许会导致会员人数减少。2006年,Blackwell谨慎地尝试名为在线开放(Open Online)的混合系统。作者付费的开放存取文章既可刊登在纸本订阅期刊里,也可以通过出版社的在线期刊平台Blackwell Synergy自由获取。在试验期间,作者费用固定在每篇论文2 500美元或1 500英镑。

Blackwell对在线开放的来稿与其他方式来稿的论文以同样方式处理。但与Springer不同的是:不要求参与在线开放的作者签订移交其文章版权的合约。自然出版集团(Nature Publishing Group)也对开放存取做出了积极反应。如自然出版集团主持了为期数月的关于开放存取的在线论争,同时它也在尝试多种期刊的开放存取模式,其中最有趣的实验是与欧洲分子生物学组织(EMBO, European Molecular Biology Organization)联合采用开放存取方式,于2005年春季创建纯网络版的经过同行评议的《分子系统生物学》(Molecular Systems Biology)。剑桥大学出版社则决定在新成立的期刊《神经胶质生物学》(Neuron Glia Biology)上试验开放存取出版模式,即在论文发表后6~12个月间可以免费存取。但是,该期刊在出版社的期刊目录中仍然被列入收费类,而非开放存取类。长期以来最受学术界和图书馆界诟病的爱思唯尔出版公司,它对开放存取的态度也在发生微妙的变化。2004年,其公共关系部主任Eric Sobotta表示,公司尽管对英国议会的调查表示欢迎,却质疑该国政府是否应该接纳报告的建议并给予资助。它声称对英国来说,作者付费模式成本太高,因为英国的研究人员发表的论文要比他们自己阅读的论文多。同时,它也声称开放存取模式将为自费出版和各种偏见的发表提供便利,因而将危及学术出版的质量,并破坏公众对科学的信任。然而,Elsevier 也承认,实行开放存取模式是符合公众利益的。它旗下的《柳叶刀》(Lancet)期刊也正在部分地尝试开放存取出版方式。

9.8 河北工程大学图书馆开放存取资源介绍

▲ 河北工程大学图书馆开放存取期刊库

DOAJ (Directory of Open Access Journal)于 2003 年 5 月,由瑞典的隆德大学图书馆 Lund University Libraries 建立。目前,收录开放存取期刊超过 4 528 种,可以检索到 1 758 种期刊中的 335 245 篇全文。	http://www.doaj.org/
提供物理学、数学、非线性科学、计算机科学、植物学等方面的全文文献。	http://arxiv.org/
学术出版与学术资源联盟创建于 1998 年 6 月,它是由大学图书馆和相关教学、研究机构组成的联合体,本身不是出版机构。目前,成员已经超过 300 多家。旨在致力于推动和创建一种基于网络环境、真正为科学研究服务的学术交流体系。	http://www.arl.org/sparc/
科学公共图书馆是一个为科学家与医学家服务的非营利性组织,其目的是使世界的科学尤其是医学资源成为开放存取资源。该图书馆提供各种学科、尤其是医学文献服务。	http://www.plos.org/
公共医学中心提供各种医学文献的浏览、检索服务。	http://www.pubmedcentral.nih.gov/
HighWire Press 是全球最大的提供免费全文的学术文献出版商,于 1995 年由美国斯坦福大学图书馆创立。目前已收录电子期刊 1 126 多种,文章总数已达 5 544 821 多篇,其中超过 1 879 288 篇文章可免费获得全文。	http://highwire.stanford.edu/
BioMed Central(简称 BMC),即英国伦敦生物医学中心,是最重要的开放存取杂志出版商之一。其期刊范围涵盖了生物学和医学的所有主要领域,包括麻醉学、生物化学、生物信息学、生物技术、癌症等 57 个分支学科。	http://www.biomedcentral.com/
Oaister 由美国密执安大学数字图书馆制作服务部主办。是一个提供电子图书、电子期刊、录音、图片及电影等数字化资料的"一站式"检索的门户网站。资料源自 960 多家机构。可按关键词、题名、创作者、语言、主题或资源类型检索。检索结果含资源描述和该资源链接。标引对象包括美国国会图书馆美国记忆计划、各类预印本及电子本文献服务器、电子学位论文、机构收藏库等。	http://www.oaister.org/

续上表

Scirus 是由著名出版公司 Elsevier 开发的、专门面向科学家和科研人员的学术信息检索工具。目前 Scirus 可搜索 4.5 亿个与科学相关的网页,信息来源包括同行评审期刊论文、预印本、报告、科学数据、发明专利及有关网页,大多是网上开放获取资源,也含部分商业收费资源(如 LexisNexis 、ScienceDirect 等)。学科领域以自然科学为主,也有部分社会科学资源,如经济学、商业、管理、语言文字学、法学、社会与行为科学、心理学、社会学等。	http://www.scirus.com/
Google 公司为了推动学术文献的利用,于 2004 年 12 月推出了 Google Scholar 计划,使得用户通过其简单易用的界面,可以方便地检索各种学术论文、图书、文摘信息,包括来自学术出版商、专业学会的各种预印本库,以及大学等学术机构的学术信息。	http://scholar.google.cn/
socolar 平台已成为目前世界上最大的 OA 学术资源的一站式服务平台,用户在该平台上可以检索、浏览世界上重要的 OA 学术期刊和仓储文章,并可方便、快捷的获取每一篇文章的全文。该平台为各图书馆丰富馆藏、读者获取网上免费的学术文献提供了一个新的途径。	http://www.socolar.com/
中国科技论文在线是经教育部批准,由教育部科技发展中心主办的科技论文网站。该网站提供国内优秀学者论文、在线发表论文、各种科技期刊论文(各种大学学报与科技期刊)的全文,此外还提供对国外免费数据库的链接。	http://www.paper.edu.cn
中国预印本服务系统提供国内科研工作者自由提交的科技文章,一般只限于学术性文章。系统的收录范围按学科分为五大类:自然科学、农业科学、医药科学、工程与技术科学、人文与社会科学。	http://prep.istic.ac.cn/eprint/indexjsp

▲ 河北工程大学图书馆开放存取的学位论文

是美国加利弗尼亚理工学院的电子论文和学位论文典藏库	http://etd.caltech.edu/ETD-db/ETD-browse/browse?first-letter=all
是台湾静宜大学建立的开放论文全文数据库,是依据开放获取的原则建立的自存数据库。收录有硕士、博士论文共 1 855 篇。大都可以免费下载全文。有繁体和英文两种检索界面。	http://ethesys.lib.pu.edu.tw/ETD-db/
由香港科技大学图书馆建立和维护,是"HKUST Instituional Repository"的一部分。主要收集该校博士生、硕士生提交的电子版学位论文。大部分可看全文。	http://lbxml.ust.hk/th/main.html

续上表

由香港大学图书馆建立和维护。可检索该校1941年以来的学位论文。	http：// sunzi1. lib. hku. hk/hkuto/index. jsp
由麻省理工大学图书馆维护。到2007年11月，可查询15 000多篇本校各院系的学位论文。多数有全文。	http：// dspace. mit. edu/handle/1721.1/7582
可查到瑞典高校的学位论文及其他科技出版物。有全文。	http：// svep. epc. ub. uu. se/testbed/start. xml？lang＝en
可查到1999年以来的部分瑞士学位论文。有全文。	http：// e-collection. ethbib. ethz. ch/collection/eth：55

▲ 河北工程大学图书馆开放存取的课程资源

MIT OpenCourse Ware 简称 MIT OCW，是由麻省理工学院开发维护的网站。发布该校本科生和研究生的课程资料，目前有超过1 800种课程的资料发布。数据全文是英语，通过主页可以链接到中文等其他语种的翻译资料页面。全世界互联网用户可以免费使用。	http：// ocw. mit. edu/OcwWeb/web/home/home/index. html
开放课程计划主要致力于将世界上优秀的开放式课程翻译成中文，目前主要是将英文、日文的OCW翻译成繁体中文和简体中文。英文课程来源有麻省理工学院、约翰霍普金斯大学、犹他州立大学等的开放式课程，日文课程来源有大阪大学、京都大学、庆应大学、东京工业大学、东京大学、早稻田大学等的开放式课程。	http：// www. myoops. org/
开放课件联盟(OCW Consortium)，其加盟机构使用统一的模板发布课程资料。截止2008年，有250所大学加入联盟，以10种语言发布了6 200门课程。	http：// www. ocwconsortium. org/
WLH 由德克萨斯州立大学奥斯汀分校的下属机构创立，致力于收集和检索互联网上的大学课程资料。该网站收集的资料多由全世界正规大学的教职人员提交，不限语种。除此之外，该网站还具有搜索引擎的功能，能检索公共的网络课程资源。全世界互联网用户可以免费使用。	http：// web. austin. utexas. edu/wlh/index. cfm

9.9 安徽工程科技学院图书馆开通 Socolar 开放存取资源一站式检索平台

实行开放存取模式是研究人员获取学术资源的一条崭新途径。但是,许多 OA 资源是分散存放在世界各地不同的服务器和网站上的,因此用户很难直接全面地检索到这些资源。基于从用户的信息需求和信息检索角度考虑,中国教育图书进出口公司启动了 Socolar 项目,旨在对世界上重要的 OA 期刊和 OA 仓储资源进行全面的收集和整理,从而为用户提供 OA 资源的一站式检索服务。目前,该检索平台收录的 OA 期刊有 10 070 种,OA 仓储达 1 030 个;收录文章总计达 19 448 669 篇。

安徽工程科技学院图书馆已与中国教育图书进出口公司鉴定合作协议,在图书馆主页上建立链接。具体检索使用方法如下:

• 登录图书馆主页(http://www.lib.auts.edu.cn/)—→外文数据库—→Socolar 开放存取资源一站式检索平台。

• 浏览方法:可按学科分类浏览期刊,也可按刊名首字母浏览期刊。

• 检索方法:有基本检索和高级检索两种方式,基本检索提供篇名、作者、摘要、关键词四种检索途径,高级检索提供基于篇名、作者、摘要、关键词、刊名、出版商、出版年度和学科的逻辑组配检索方法。

• 打开所找到的文章,通过其链接可以部分地获取原文。

Socolar 开放存取资源一站式检索平台除具有 OA 资源的检索和全文链接服务功能外,还可以为用户提供个性化的增值服务功能、OA 知识的宣传和交流功能、OA 期刊的发表和仓储服务功能等等。

Socolar 开放存取资源一站式检索平台的开通,是图书馆对数字资源进行整合的有益尝试,丰富了外文数字资源,从而更好地为学校的教学和科研服务。

9.10 安徽大学图书馆网络开放资源[1]

9.10.1 综合部分

中国网上图书馆

"中国网上图书馆"是清华大学图书馆按省份整理出的国内上网图书馆的列表。

eScholarship

它由加利弗尼亚数字图书馆创立,包括已发表的论文专著、本校学术期刊、连续出版物、研究生研讨课资料等。提供免费全文浏览和下载,目前已有 6 953 种、140 万篇文献可提供下载。

HighWire Press-Free Oline Full-text Articles

HighWire Press 是全球最大的提供免费全文的学术文献出版商,目前已收录电子期刊 1 635 多种,文章总数已达 130 多万篇,其中超过 707 438 篇文章可免费获得全文,且这些数据仍在不断增加。通过该界面还可以检索 Medline 收录的 4 500 种期刊,可看到 14 577 134 篇全文,其余的均可看到文摘题录。其收录的主要学科是生命科学、医学、物理学、社会科学。

网上免费全文期刊(Free Full-text)

该网站提供超过 7 000 种允许部分或全部免费浏览使用的期刊的网址链接。

"Find Articles"外文资源网

"FindArticles"网站收录国外文献 10 000 000 篇,覆盖学科广,大部分为免费全文资料,且检索操作简单。

Ulric(乌利希)期刊指南

Ulric 是全球权威性的期刊书目数据库,可查到期刊价格、出版商资料及获得文摘或全文的方式。

---

[1] 安徽大学图书馆网站地址:http://www.wb.edu.cn。

美国政府报告数据库

报道 PB 报告、非密或解密的 AD 报告、部分 NASA 报告和 DOE 报告,以及其他类型的科技报告和题录。

GrayLIT NetWork

提供 DTIC、NASA、DOE、EPA 等机构研究报告的检索和免费下载全文服务。

NAP 免费电子图书

可以免费在线浏览 2 500 多种电子图书,包括环境、生物、医学、计算机、地球科学、数学和统计学、物理、化学、教育等。

Open J-Gate 开放获取期刊门户

提供基于开放获取的近 4 000 种期刊的免费检索和全文链接,其中超过 1 500 种学术期刊经过同行评议(Peer-Reviewed)。

人民网系列报刊

提供人民网多种报刊的链接,可以阅读全文。

Directory of Open Access Repositories

Open DOAR 是由英国诺丁汉(Nottingham)大学和瑞典伦德(Lund)大学图书馆在 OSI、JISC、CURL、SPARC 欧洲部等机构的资助下于 2005 年 2 月共同创建的开放获取机构资源库、学科资源库目录检索系统。用户可以通过机构名称、国别、学科主题、资料类型等途径检索和使用这些知识库,它和开放获取期刊目录(DOAJ)都是免费检索当前全文学术资源(期刊论文、会议论文、学位论文、技术报告、专利、学习对象、多媒体、数据集、工作论文、预印本等)的主要平台。

加州大学伯克莱分校课程网络广播

加州大学伯克莱分校从 2006 年春开始,将该校 26 门本科课程近 250 小时的教学录音录像资料在互联网上免费向全世界开放。这些课程涉及人文艺术及科学技术、医学等专业。多数视频资料均按课表日程实况录制,1 至 2 天内即供网上观看。因此,用户可以看到最新的教学内容。由于版权限制,录像仅供在线观看,MP3 录音可供下载。

国家科技图书文献中心热点门户

热点门户是国家科技图书文献中心组织建设的一个网络信息资源门户类服务栏目,首批(4个)科技热点信息门户自2005年2月5日起正式向用户开通。其目标是针对当前国内外普遍关注的科技热点问题,搜集、选择、整理、描述和揭示互联网上与之相关的文献资源、机构信息、动态与新闻,以及专业搜索引擎等,面向广大用户提供国内外主要科技机构和科技信息机构的网站介绍与导航服务。目前提供服务的热点门户包括以下几个领域:纳米科技(http://nano.nstl.gov.cn/)、认知科学(http://cogsci.nstl.gov.cn/)、食物与营养(http://food.nstl.gov.cn/)、艾滋病预防与控制(http://aids.nstl.gov.cn/)。

香港科技大学科研成果全文仓储

HKUST Institutional Repository是由香港科技大学图书馆用Dspace软件开发的一个数字化学术成果存储与交流知识库,收有由该校教学科研人员和博士生提交的论文(包括已发表和待发表)、会议论文、预印本、博士学位论文、研究与技术报告、工作论文和演示稿全文。可以按院、系、机构(Communities & Collections)、题名(Titles)、作者(Authors)和提交时间(By Date)方式浏览。检索途径有任意字段、作者、题名、关键词、文摘、标识符等。点击论文下方"view/open",即可浏览全文。

网络博士硕士学位论文数字图书馆

NDLTD (Networked Digital Library of Theses and Dissertations)是一个开放的联盟,目的是创建一个支持全球范围内电子论文的创作、标引、储存、传播及检索的数字图书馆,以此来促进研究生教育。目前在NDLTD联盟中共有190余个大学结点和20余个研究机构等220个正式成员。

NDLTD提供联合目录查询(NDLTD Union Catalog)、基于OAI的联合目录试验系统(OAI-based Union Catalog)、试验联合查询系统(Federated Search Demonstration)、浏览成员站点查询(Official

NDLTD Members）、浏览 Virginir Tech 等 5 种途径。

NDLTD 联合目录的目标是创建一个包括 NDLTD 成员单位和其他组织提供的博（硕）士学位论文的全球联合目录，以此提供一个查找电子版博士、硕士论文的统一入口。使用联合查询系统时，用户只需提交一次检索词，就可以同时检索众多电子版博（硕）士学位论文项目成员单位的站点。可按题名、作者、文摘、主题、机构、发布年、语种等途径检索；可免费获得论文的题录和详细摘要，有相当部分的论文可以得到 PDF 格式或 SGML 格式的全文。

南安普顿大学科研文献全文数据库

e-Prints Soton 是英国南安普顿大学 TARDis 项目的成果，该项目受到英国联合信息系统委员会（JISC）的资助，目的是促进学术成果的存储与发表（Targetting Academic Research for Deposit and Disclosure）。e-Prints Soton 目前收有自上世纪 70 年代以来该校科研人员撰写的学术文献 3 800 余篇，并不断有新的内容加入。可按主题分类（by subjects）、按院、系、机构（by faculty, school, and other groupings）、按发表或提交年度（by year）和最新内容（latest additions）等方式浏览。检索方式分快速检索（quick search）和复杂检索（full search form）两种，检索途径可按作者名、题名、发表/提交时间、关键词、文摘等进行。

加州大学学术成果全文仓储

eScholarship Repository 收录加州大学教学和科研的各类学术成果。目前全文资料有 5 900 余条，包括已发表的论文和专著、本校学术期刊、经同行评审的连续出版物、研究生研讨课资料等。提供免费全文浏览和下载服务。可按分校、研究机构/系、期刊和同行评审刊、研讨资料四种途径浏览，还可用关键词进行全文检索，或用作者名检索。凡经同行评审的文章均注明"This work has been peer reviewed"。用户申请一个免费账号后，可通过"Notify Me of New Papers"定制服务，用电子邮件获取最新资料信息。

中国预印本服务系统

该系统由中国科学技术信息研究所主办。

预印本（Preprint）是指科研工作者的研究成果还未在正式出版物上发表，而出于和同行交流的目的自愿先在学术会议上或在互联网上发布的科研论文、科技报告等。预印本具有交流速度快、利于学术争鸣、可靠性高等特点。

中国预印本服务系统于 2004 年 3 月 15 日正式开通。该系统由中国科学技术信息研究所与国家科技图书文献中心联合建设，是一个以提供预印本文献资源服务为主要目的的实时学术交流系统。

该系统由国内预印本服务子系统和国外预印本门户（SINDAP）子系统构成。国内预印本服务子系统主要收藏的是国内科技工作者自由提交的预印本文章，可以实现二次文献检索、浏览全文、发表评论等功能。国外预印本门户（SINDAP）子系统是由中国科学技术信息研究所与丹麦技术知识中心合作开发完成的，它实现了对全球预印本文献资源的一站式检索。通过 SINDAP 子系统，用户只需输入检索式一次即可对全球知名的 16 个预印本系统进行检索，并可获得相应系统提供的预印本全文。目前，SINDAP 子系统含有预印本二次文献记录约 80 万条。

奇迹文库

奇迹文库的内容主要为学术性资源，以学术交流为目的，仅供相关领域学生、教师及研究人员参考。

资源发现网络

Resource Discovery Network 主要服务对象是高校师生，为教学、科研提供精选的网络资源。所有链接资源均经过专家选择、分类、标引，并附文字简介。主要资源包括健康与生命科学、工程、数学与计算机、人文科学、物理学、社会、商贸与法学等。提供分类点击和站内关键词检索方式。该网站被美国图书馆协会评为 2002 年度最佳免费参考网站。

全球报刊大全

world-newspapers.com 被美国图书馆协会评为 2002 年度最佳免费参考网站。它提供全世界英语报纸、杂志和新闻网址链接。主页面设计简洁,从左至右分别按杂志、报纸、新闻三栏排列。可按主题、国家(地区)名检索。

十万个为什么

How Stuff Works(十万个为什么)类似我国的《十万个为什么》。不过成年人会发现这个网站主要不是为儿童而建的,其大多数文章是与人们的生活、工作、学习紧密相关的,如"防弹背心工作原理"、"什么是 MP3 文件"、"手机怎样工作"等。查找方法分主题和关键词检索两种。主题类别有计算机与互联网、引擎与汽车、电子与电信、科学与技术、航空与交通、新闻、人体与健康、生活与环境、家用物品、机器等。用户可根据所需信息点击相关主题,也可输入关键词检索。检索结果显示页分上下两栏,上栏是 Web 检索结果,下栏是本网站检索结果。

该网站内容每天更新,经常浏览可在提高英语阅读水平的同时获得大量科技知识。对大中学校英语教师及用双语教学的教师而言,它不失为一个收集最新科普阅读辅助教材的优秀信息源。

Oaister

Oaister 由密执安大学数字图书馆制作服务部主办。

这是一个提供电子图书、电子期刊、录音、图片及电影等数字化资料"一站式"检索的门户网站,被美国图书馆协会评为 2003 年度最佳免费参考网站。资料源自 200 多家机构。可按关键词、题名、创作者、主题或资源类型检索。检索结果含资源描述和该资源链接。标引对象包括国会图书馆美国记忆计划、各类预印本及电子本文献服务器、电子学位论文。目前,共有记录 300 多万条。

9.10.2 社会科学部分

WebEc

WebEc 是芬兰赫尔辛基大学建立的免费提供经济学信息全文的数据库。包括一般经济学资源、经济思想的方法和历史、数学和定量方法、经济学与计算、经济学数据、微观经济学、宏观经济学、国际经济学、经济学数据、劳动和人口统计、法律与经济学、工业组织、商业经济学、经济史、发展、技术改进和增长、经济系统、农业和自然资源、区域经济学、网络经济学等主题内容,此外还有经济学期刊的网址和上网的常用工具及基本知识介绍。部分信息检索可免费。

NBER Working Papers

NBER Working Papers 是美国国家经济研究局的研究论文网站。具有经济研究数据库搜索、最新研究报告查阅、在线阅读、下载及订购等功能。该网站发布的数据、论文、研究成果具有权威性。

IDEAS

IDEAS 是美国康涅狄格大学经济学系建立的数据库。该站点是世界上最大的网上经济学工作论文集,并与 RePEc 建立链接,收录超过 170 种经济学期刊,是免费使用的全文数据库。

RePEc

RePEc 是由分散在全球 51 个国家的超过 100 名志愿者无偿建立的合作型数据库系统。它主要搜集与经济学相关的预印本论文,且所提供的期刊及研究论文都是免费的。包括 100 多种经济期刊、研究报告、软件等。RePEc 没有一个集中式的数据库,所有数据都存放在位于不同地点的分布式数据库中。

另外还有:图书情报技术期刊网站、中国科学院国家科学图书馆、国家科技图书文献中心、中国图书馆学会、上海档案信息网、图书情报学科信息门户网站、管理学物流中国门户、北大法律信息网、法大民商经济法律网、中国民商法律网、中国私法网、经济法网、中国刑事法律网、正义网、中国公法网、中国宪政网、北大公法网、中国普法网、中国诉讼法律网、法律思想网、中国理论法学研究信息网、中国环境法网、杜克大学经济系以及美国加州大学伯克利分校商业与经济研究所网、华盛顿大学经济学网络等。

9.10.3 自然科学部分

Optics Express

由美国光学学会创办,刊登光学技术领域方面的报告和新进展。

提供1997年创刊以来的全部文献,以平均49天一期的速度出版。

New Journal of Physics

由英国皇家物理学会和德国物理学会出版,提供1998年创刊以来的全部文献。所有用户可免费获取电子版文章。

The Journal of Machine Learning Research

由麻省理工学院出版,是机械研究领域的优质学术论文的平台。用户可下载2000年创刊以来的全部文章。

Journal of Insect Science

由亚利桑那大学图书馆创办。它收集整理网上发布的有关昆虫生物学和节肢动物生态学的论文。可下载从2001年创刊至今的全部文献。

GTP:Geometry&Topology Publication(几何与拓扑)

由英国沃里克大学的数学系建立。GTP是国际化的数学类在线期刊,内容涉及几何学、拓扑学及其应用等领域。提供如下三种期刊的所有文献:Geometry&Topology(1997年创刊至今)、Geometry&Topology Monographs(1998年创刊至2004年)、Algebraic&Geometric Topology(2001年创刊至今)。

Documenta Mathematica

是德国的数学电子期刊。提供1996年创刊以来的所有文献。

PubMed Central

是由美国国家医学图书馆建立的生命科学期刊的全文免费数据库。目前加入PMC的期刊有108种,另有8种期刊即将加入。这些期刊的免费全文访问时间延迟是出版后的0～2个月。所有文献的浏览、检索、下载均是无需注册的。

Free Full-Text Journals in Chemistry

由白俄罗斯国立大学(Belarusian State University)Alexander Ragoisha主办,收录国际权威化学学会和出版社的网络版化学期刊的网址链接。可按刊名首字母顺序浏览。分长期免费和免费试用两类。

E-print Network

收录的电子印本文献来自全世界 14 000 个网站和数据库。主要收有物理学文献,也包括化学、生物与生命科学、材料学、核科学与核工程学、能源研究、计算机与信息技术等学科文献。可免费全文获取。

BioMed Central

BioMed Central 以出版网络版期刊为主。目前出版 120 种生物学和医学领域的期刊,少量期刊同时出版印刷版。BMC 网站免费为读者提供信息服务,其出版的网络版期刊可供世界各国的读者免费检索、阅读和下载全文。

The Free Medical Journals

The Free Medical Journals 可提供全部免费的与生物医学相关的期刊的全文链接,包括 1 350 种免费的英文和非英文(15 种语言)的生物医学全文期刊。

Information Bridge

Information Bridge 是美国能源部的一个综合性的公共网站。提供开放式的、完整的全文检索,可免费下载 1995 年以来的 DOE 报告的全文和题录信息,还收录少量 1995 年以前的报告,并且还在不断地添加新的报告和补充遗漏的报告。内容涉及物理、化学、原料、生物学、环境科学、能源技术、工程学、计算机信息技术、可再生能源等等。

Cell Press 全文数据库(部分免费)

Cell Press 是世界生命科学领域著名的出版商。自 2005 年 1 月 1 日起,Cell Press 免费开放 1995 年至当期 12 个月前的文献全文。但若获取最近 12 个月的期刊及 1995 年以前的文献,则需要付费,只能免费阅读摘要。Cell Press 免费开放期刊刊名依次为:①Cell(www. cell. com);②Neuron(www. neuron. org) ③Immunity(www. immunity. com) ④ Molecular Cell (www.. org);⑤ Developmental Cell (www. developmentalcell. com);⑥ Cancer Cell (www. cancercell. org);⑦Current Biolo gy (www. current-biology. com);⑧Structure (www. structure. org);⑨Chemistry & Biology (www. chembiol. com)。

PMC(PubMed Centeral)

PMC 是美国 NCBI 建立的数字化生物医学与生命科学期刊数据库。部分可获取免费全文。

有机农业电子印本文献库

Organic Eprints(有机农业电子印本文献库)由丹麦有机农业研究中心(DARCOF)于 2002 年建立,2003 年德国有机农业研究所(FiBL)作为第一个国际性合作伙伴加入该项目,并负责德语地区与德语版文献的编辑工作。该文献库目前收有全文文献 2 300 余篇(1990～2005)。文献类型有预印本(未评审)和已印本(已评审)的科技论文、会议会文、学位论文、报告、专著及专著章节、杂志文章、网页、项目说明及其他已发表或未发表的文献。文献语种有英语、德语、丹麦语、瑞典语、法语等。文献查找方式有浏览和检索两种。检索途径有简单检索与高级检索两种。其中简单检索有多个入口,如题名/关键词、作者/刊名等。

电子印本文献网络

由美国能源部(DOE)科技信息局(OSTI)主办。

电子印本文献(E-prints)是指研究人员为了便于与同行交流,用电子方式制作发布的学术与专业论著,一般情况下可免费全文获取。电子印本文献包括预印本、已印本、技术报告、会议出版物等。

E-print Network 收录的电子印本文献采自全世界 14 000 个网站和数据库。主要收有物理学文献,也包括化学、生物与生命科学、材料学、核科学与核工程学、能源研究、计算机与信息技术,以及其他 DOE 感兴趣的学科。查询方式分检索(Search)与浏览(Browse)两种。检索途径有主题(subject)、任意词(Full record)、作者(Creator/Author)、题名(Title)、发表年度(Date)。

免费生命科学杂志存档

PubMed Central(PMC)是 2000 年 1 月由美国国家医学图书馆(NLM)的国家生物技术信息中心(NCBI)建立的生命科学期刊全文数据库,它旨在保存生命科学期刊中的原始研究论文的全文,并在全球范围内免费提供使用。目前加入 PMC 的期刊有 108 种,另有 8 种期刊即将加入。这些期刊免费全文访问的时间延迟是出版后 0~2 个月,并且由 PMC 直接提供全文。PMC 与 PubMed 的关系:两者都是 NLM 建立的数据库。其中 PubMed 是一个基于互联网的文献检索系统,它收录了几千种生命科学期刊的目次和文摘,目前数据可回溯至 1966 年。该数据库提供了与 PMC 全文的链接,还提供与数千种期刊网站的链接。而 PMC 是由 NLM 建立的免费生命科学电子期刊全文数据库,目前收录期刊百余种。PMC 的所有论文在 PubMed 中都有相应的记录。

计算机与信息科学论文检索索引

ResearchIndex(计算机与信息科学论文检索索引)是 NEC 建立的一个学术论文数字图书馆,它提供了一种通过引文链接检索文献的方式,可以检索互联网上 Postscript 和 PDF 文件格式的科技论文全文。目前在其数据库中可检索到超过 700 000 篇的论文。内容范围主要涉及互联网分析与检索、数字图书馆与引文索引、机器学习、神经网络、语音识别、人脸识别、元搜索引擎、音频/音乐等。所有服务包括全文下载完全免费。系统已实现全天 24 小时实时更新。

常用功能:检索相关文献,浏览并下载 PS 或 PDF 格式的全文;查看某一具体文献的"引用"与"被引"情况;查看某一文献的相关文献;图表显示某一主题文献(或某一作者、机构所发表文献)的时间分布,可依此推测学科热点和发展趋势,避免重复劳动。

Internet 免费全文科技期刊

由杭州市科技局主办。涵盖化学、建筑学、地球科学、信息科学、天文、环境科学、医学、心理学、计算机科学、图书馆科学、电力工程、控制理论、植物学、数学、生物学、昆虫学、光学、物理学、材料科学、气象学、能源工程等学科。提供近 300 余种科技期刊的刊名(英文)、网址、中文简介、ISSN 号(国际刊号)、E-mail 地址。该网站对免费英文全文科技期刊进行了很好的整合与指引。

中国科技论文在线精品论文

经新闻出版总署批准,《中国科技论文在线精品论文》(刊号:CN11-

9150/N5)于2008年5月正式创刊。《中国科技论文在线精品论文》由教育部主管,教育部科技发展中心主办。它依托中国科技论文在线网站高水平的学术委员会,精选出中国科技论文在线网站中发布的优秀科技论文,主要报道自然科学领域的基础研究和应用研究方面具有重要意义和创新性的最新成果。本刊为独立的连续型电子出版物。为方便广大科研人员,尤其是读者群的订阅,《中国科技论文在线精品论文》力求每一期出版研究方向接近的学科,力求使期刊专业化;同时为促进最新成果的快速交流,该刊每期的论文将在网站中分学科全文展示,并可在中国科技论文在线网站中全文检索。涉及学科包括:数学、土木建筑工程、物理学、水利工程、力学、机械工程、生物学、动力与电气工程、地球科学、交通运输工程、航空、航天科学技术、临床医学、预防医学与卫生学、军事医学与特种医学、药学、畜牧、兽医科学、能源科学技术、冶金工程技术、安全科学技术、核科学技术、矿山工程技术、测绘科学技术、农学、林学、食品科学技术、电子、通信与自动化控制技术、计算机科学技术、信息科学与系统科学、地球科学、材料科学与工程、基础医学、中医学与中药学、环境科学技术等。

中国科技论文在线

中国科技论文在线是经教育部批准,由教育部科技发展中心主办的科技论文网站。中国科技论文在线利用现代信息技术手段,突破了传统出版物的出版模式,免去传统的评审、修改、编辑、印刷等程序,给科研人员提供一个方便、快捷的交流平台,提供检索及时发表成果和新观点的有效渠道,从而使新成果得到及时推广,科研创新思想得到及时交流。根据文责自负的原则,只要作者所投论文遵守国家相关法律,有一定学术水平,且符合中国科技论文在线的基本投稿要求,可在一周内发表。专业领域按自然科学国家标准学科分类与代码分为39类。论文仅仅代表作者个人的观点,不代表中国科技论文在线的观点。中国科技论文在线所发表论文的版权归作者本人所有。中国科技论文在线可为在本网站发表论文的作者提供该论文发表时间的证明,并允许作者同时向其他专业学术刊物投稿,以使科研人员新颖的学术观点、创新思想和技术成果能够尽快对外发布。

《中国科技论文在线》学报

《中国科技论文在线》学报(国际标准刊号 ISSN1673-7180,国内标准刊号:CN11-5484/N)是由教育部主管,教育部科技发展中心主办的学术刊物,主要报道工程与技术科学领域内具有重要意义和创新性的最新成果。由《中国科技论文在线》学报编辑部出版,月刊。国内外公开发行。自 2006 年 8 月创刊以来,已被"中国期刊网"、"万方数据—数字化期刊群"、美国《化学文摘》(CA)、美国《剑桥科学文摘》(CSA)、波兰《哥白尼索引》(IC)、美国《乌利希期刊指南》(UPD)等国内外多家权威数据库收录。

9.11 安徽大学图书馆、中国科学技术大学图书馆等网络免费开放资源、OALIB 开放存取图书馆、Socol@r 资源一站式检索服务平台

安徽大学图书馆网络开放资源主页面(概况)

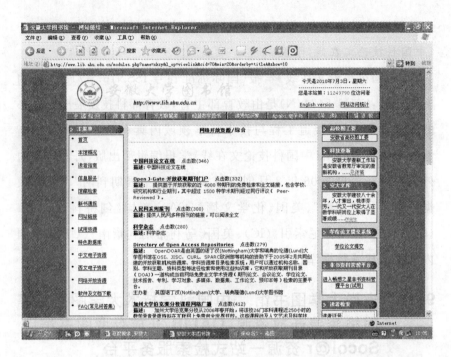

安徽大学图书馆网络开放资源主页面(综合类)

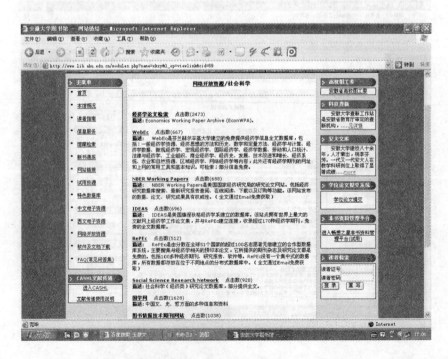

安徽大学图书馆网络开放资源主页面(社会科学类)

安徽大学图书馆网络开放资源主页面(免费资源)

中国科学技术大学图书馆网络开放存取资源主页面(Arxiv.DoAJ)

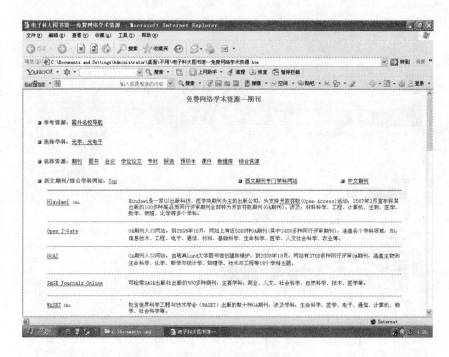

电子科技大学图书馆网络主页面(免费网络学术资源)

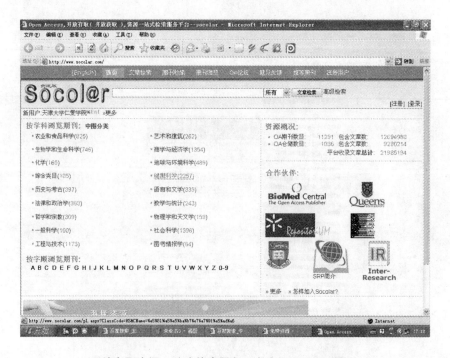

开放存取资源一站式检索服务平台主页面(Socol@r)

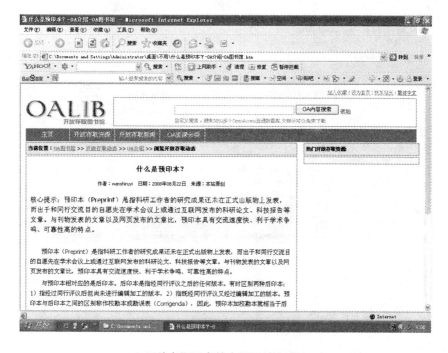

开放存取图书馆主页面（OALIB）

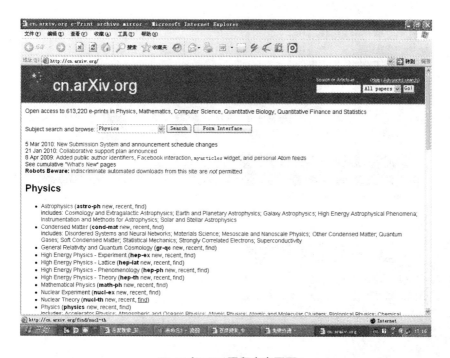

cn.arxiv.org 预印本主页面

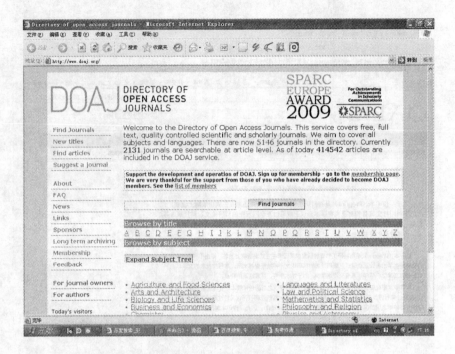

DOAJ 开放存取期刊主页面

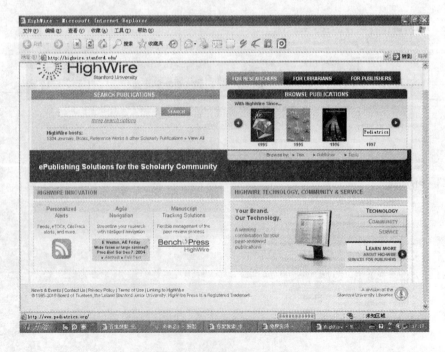

HighWire 开放存取期刊主页面

9.12 厦门大学机构仓储

厦门大学机构仓储是我国高校首家推出并提供开放存取的高校机构仓储，且处于不断发展完善之中。为顺应国际上开放存取运动的发展，以及应对信息技术日新月异带来的长期保存问题，厦门大学图书馆很早就开始关注机构仓储的发展。2005年7月8日，厦门大学图书馆与50多所大学图书馆签署了《图书馆合作与信息资源共享武汉宣言》，于2006年8月正式推出厦门大学机构仓储系统（又名"厦门大学学术典藏库"），接受本校教学和科研人员注册，并上传学术资源。

9.12.1 厦门大学机构仓储的建设模式

（1）软件选择。在构建厦门大学机构仓储时，可供选择的软件类型有商业软件、自开发软件和开源软件。基于当时项目属于探索和试验性质，以及考虑系统开发的难易度，该馆偏向于采用开源软件构建。当时可供选择的开源软件包括EPrint、DSpace、Greenstone等。经过文献调研和测试对比，该馆认为DSpace系统有明显的优势，主要表现在：系统安装和应用相对比较容易；DSpace开源社区活跃；DSpace为后起之秀，其功能设置等各方面更趋于合理；DSpace的用户群体有不断壮大趋势。实践证明，选择DSpace是正确的。据opendoar网站统计，截至目前，在机构仓储构建软件领域，有37.5%的机构仓储使用DSpace软件。

（2）资源组织。厦门大学机构仓储中的学术资源组织基本上采用三个层级：第一层，即最高层，为厦门大学的院系和研究所，对应DSpace的社区（community）；第二层为预先设置的专题，对应DSpace的合集（collection）；第三层为条目层，为具体的学术资源。

预先设置的专题包括"已发表论文"、"会议论文"、"演示文稿"和"工作文稿"。"已发表论文"专题是指学者在正式出版机构发表的期刊论文或论著；"会议论文"专题是指在学术性会议上宣读的文章或论著；

"演示文稿"专题是指学者在教学活动、学术会议活动或其他学术交流活动中宣讲的演示稿等;"工作文稿"专题是指学者在科研过程中形成的具有一定学术价值的初步成果、工作笔记、研究进展、科研数据等。这些设置可以根据系统实际运行需要,随时作出调整或增删。

用户提交学术资源时,首先要明确该资源的责任者是属于哪个院系或研究所(第一层),再确定该资源内容属于哪个专题(第二层),然后就可以上传。

(3)资源收集与提交。厦门大学机构仓储资源的收集与提交经历了几个阶段:2006年刚推出之时,由本馆学科馆员深入到各个院系宣传厦门大学机构仓储,并在不同场合(如讲座、会议等)推介厦门大学机构仓储。同时挑选各个院系和研究所若干个知名学者为代表,收集并上传其学术资源(以期刊论文为主),以此作为厦大机构仓储的早期学术资源。希望能以这些知名学者的学术作品为"榜样",带动其他学者的跟进。通过两年多的运行,虽然有不少的学者在系统上注册,但实际提交的学术资源数量并没有原先预期的多,系统资源数量增长缓慢。经过调查研究和讨论,该馆决定由本馆的学科馆员收集并提交本校学者的学术资源,同时把提交的结果反馈给学者。目前,厦门大学机构仓储系统已收集本校学者学术资源数量近10 000条。

9.12.2 厦门大学机构仓储资源开放共享的模式

建设机构仓储的目的在于让广大用户能够免费且方便、高效地共享仓储资源。所以厦门大学机构仓储为用户提供灵活多样的利用方式,力争提高资源共享的效果。

厦门大学机构仓储系统为普通用户提供了浏览功能和检索功能。浏览功能主要是按不同方式来浏览系统中的学术资源,包括按院系浏览、按作者浏览、按题名浏览、按主题浏览、按个人专集浏览、按发布日期和按提交日期浏览等方式。其中,院系下面又可以根据资源类型专题来浏览,专题分为工作文稿、会议论文、演示文稿、已发表论文和专利等。检索功能包括简单检索和高级检索,用户可以根据不同需要,选择不同的检索方式。利用高级检索,用户可选择检索的数据源是整个机构仓储,还是特定专题、特定院系的资料。检索入口也可选择关键词、作者、题名、主题、摘要、集丛、赞助者、识别号和语种等。

同时,为了更好地宣传和利用机构仓储中的资源,以及充分利用DSpace软件的OAI接口,厦门大学机构仓储先后在OpenDoar、OAIster、Google Scholar、Yahoo等搜索引擎上登记注册,让这些网站和搜索引擎定期或不定期地收割厦门大学机构仓储的元数据,并做索引,从而让更多的用户可以通过这些网站或搜索引擎找到并利用厦门大学机构仓储中的资源,同时提高厦门大学的知名度和学术声誉。

为促进资源共享,提高优质资源的利用率,厦门大学机构仓储系统还为用户提供新增资源的邮件订阅和RSS订阅服务,用户可以通过这两种方式订阅机构仓储库中某一专题或某一院系、甚至整个机构仓储的学术资源。

10 参考文献

10.1 英文文献

[1] ArXiv 预印本文献库. [2009-6-9]. http://www.arxiv.org/.

[2] ALA. 2009-02-28]. http://www.ala.org/.

[3] Alma Swan,Sheridan Brown. Open access self-archiving:An author study http://www.eprints.ecs.soton.ac.uk/10999/01/jisc2.pdf.

[4] Alex Byrne. Promoting the Global Information Commons:A Statement by IFLA to WISIS Tunis Prep Con2. http://www.ifla.org/III/wsis/24Feb 05.html(访问时间:2009/01/12).

[5] Anderson R. Author disincentives and open access. SerRev. 2004,30 (4).

[6] ARL'S Office of Scholarly Communication(2005). Framing the Issue:Open Access. http://www.arl.org/scomm/open—access/framing.html.

[7] Association of Research Libraries Office of Scholady Communication. Framing the issue:open access. http://www.arl.org/bmdoe/framing,issue may04.Pdf.

[8] Australian Research lnformation Infrastructure Committee, "Australian Research Information Infrastructure Committee Open Access Statement" http://www.caul.edu.auscholcomm Open Access ARIIC state ment.doc.

[9] Bide Mark Open Archives and Intellectual Property: Incompa ti ble World Views? Bath, UK: Open Archives Forum. http://www.forum org/otherfiles/bide.pdf.

[10] Budapest Open Access Initiative[EB/OL]. [2003-02-14]. http://www.soros.org/openaccess/read.shtml.

[11] Budapest Open Access Initiative: What does BOAI mean by"open access"? [EB]. http://www.earlham.edu/peters/fos/boaifaq.html.background,2007 05-12.

[12] Bethesda Statement on Open Access Publishing [2006-06-20] [EB/OL]. http://www.earlham.edu/peters/fos/bethesda.html.

[13] BushV. Aswemay think. The Atlantic Monthly, 1945,7(1): 101-108.

[14] Borgman C L. Personal digital libraries: Creating individual spaces for innovation. [2008-05-22]. http://www.sis.pitt.edu/dlwkshop/paper_borgman.Html.

[15] BartonM R, WatersMM. Creating an institutional repo sitory: LEADIRS workbook. [2008-06-08]. http://www.dspace.org/implement/leadirs.Pdf.

[16] BioMed Center. http://www.biomedcentral.com/home [2009-02-23]

[17] Bjdrk, BC. Open access to scientific publi cations. an analysis of the barriers to change . Information Research, 2004, 9(2) paper 170. [2008-01-03]. http://www.InformationR.net/ir/paperl70.html.

[18] Committee on Copyright and other Legal Matters. Library Related Principles for the International Development Agenda of the World Intellec tual PropertyOrganization. http://www.ifla.org/III/clm/p1/Library-RelatedPrinciples-en.html.

[19] Creative Commons[EB/OL][2007-09-19]. http://www.creative commons.org/.

[20] Create Change. Managing your copyrights. http://www.create change.org/facuhy/issues/controlling.html.

[21] Content Types in Open DOAR Repositories. [2008-07-15]. http://www.opendoar.org/one chart.php.

[22] CheslerA. Open access: a review of an emerging phenomenon. Serials Review,2004,30(4):292-297.

[23] Chan Leslie, de Sousa S, Sweezie J. Integrating the "green" and "gold" road to open access: Experience from bioline international [C/OL]. Proceedings ELPUB2005 Conference on Electronic Publishing-Kath. Univ. Leu ven June 2005 [EB]. http://www.elpub.scix.net/data/works/att/cccel pub 2005.content.09666.pdf, 2007-10-16.

[24] CERN. Reportofthe task force onOpenAccessPublishing in particle Physics[EB/OL][2007-09-16]http://www.library.cern.ch/OA Task Force public.pdf.

[25] DOAJ. http://www.doaj.org/[2009-2-23]

[26] DOAJ by Country [EB/OL]. [2009-01-08]. http://www.doaj.org/doaj? Func =by Country.

[27] D-Lib Magazine. [2008-02-30]. http://www.dlib.org/.

[28] DLIST [DB/OL]. [2008-01-28]. http://www.dlist.sir.arizona.edu/cta.

[29] DOAJ review [EB/OL]. [2008-02-28]. http://eprints.rclis.org/archive/00012501/01/DOAJ review.pdf.

[30] D-Scholarship 仓库. [2008-06-9]. http://www.Be press.com/journals/.

[31] Definition of Open Access Publication [2008—01-05]. http://www.earlham.edu/peters/fos/bethe sda.Html.definiti on Berlin Declaration on open access to knowledge in the sciences and humanities.

[32] Distribution of UK Higher Education Reposi tories http://www.sherpa.ac.uk/documents/rep_distrib.html[2007-2-28]

[33] Directory of Open Access Journals [EB]. http://www.doaj.org/doaj? func=home,2008-03-17.

[34] David Malakof. f Scientific Publishing: opening the books on open access. Science,2003,302(24):550-554.

[35] Demonstration EPrints Repository. http://www.demoprints.Eprints.org/(访问时间:2009/01/12).

[36] E-LIS[DB/OL].[2008-01-28].http://eprints.rclis.org.

[37] Frank M, Reich M, and Ra anan A. A not-for-profit publishers perspective on open access . Ser Rev. 2004, 30 (4).

[38] Gruss P. Berlin Declaration on Open Access to Knowledge in the Sciences and Humanities[EB/OL]. http://www.zim.mpg.de/open access berlin/berlin declaration.pdf.

[39] Goh DH, ChuaA, KhooD A, eta.l A checklist for evaluating open source digital library software. Online InformationReview, 2006, 30 (4): 360-379.

[40] John Ben DeVette. Trends, in Online Publishing: New Pricing Models for 2003 as Online Dominates Print[EB/OL]. http://www.stic.gov.tw/fdb/tr/2005.

[41] http://www.biomedcentra.l com/home/

[42] http://www.calis.edu.cn/calisnew/(2009-10-03)

[43] http://www.sciencedirect.com/[EB].[2010-12-15].

[44] http://www.seurl.ae.uk/WG/SSISWGOA/declaration.html.

[45] http:/lib.semi.ae.ell:8080/tsh.

[46] http://www.iee.orS/News/PressRel/z2ljul2004.cfm.

[47] http://www.parliament.uk/parliamentary—committees/science—and—technology—committee/scitechl 1 1203a.cfm.

[48] http://www.publications.parliament.uk/paJcm200304/

cmselect/emsetech/399/39902. html.

[49] http：// www. pspcentral. org/publications/grassroots—email. Doc.

[50] http：// www. grants. nih. gov/grants/guide/notice • files/NOT-OD-04 064. html(访问日期：2008-02—08)

[51] http：//www. arl. org/sparc/home/index. asp.

[52] http： // www. ifla. —org/V/edoe/open—access04. html (http://mx2. arl. org/Lists/SPARCOAForum/Message/811. html.

[53] HighWire Press http：// highwire. stanford. edu/[2009-2-23].

[54] Henk F. Moed. The effect of "Open Access" upon citation impact: An analysis of ArXiv's Condensed Matter Section. http：// www. arxiv. org/ftp/cs/papers/0611/0611060. pdf[2007-2-20].

[55] Harnad, S., Brody, T., Vallieres, f., Carr, L., Hitchcock, S., Gingras, Y., Oppenheim, C., Stamerjohanns, H. and Hilf, E. (2004) The Access/Impact Problem and Green and Gold Roads to Open Access. Serial sreview, 30(4) http：// www. eprints. ecs. soton. ac. uk/impact. html.

[56] House of Commons Science and Technology Committee. Scientific Publica tions：Free for all?. http： // www. publications. parli ament. uk/pa/cm200302L/cmselect/cmsctech/399/399. pdf.

[57] Institutional repositories essential infra structure for scholarship in the digital age. [2008-01-05]. http：// www. arl. org/resourees/pubs/br/br22/br226/print. shtml.

[58] Institutional repositories：innovation in scholarly pub lishing. [2008-01-05]. http： // www. Carl-abrc. ca/projects/institutional/repositories/about e. html.

[59] Indratmo, Vassileva J. A review of organizational structures of personal information management. Journal of Digital Informa tion, 2008, 9(26)：1-19.

[60] James Testa, The Impact of Open Access Journals: A Citation Study from Thomson ISI http://www.thomsonscientific.jp/event/oal/impact-oa-journals.pdf.

[61] Jan Veherop. Open Access Publishing and Scholarly Societies: A Guide[R]. New York: Open Society Institute, 2005. 7: 4. http://www.soros.org/open access/pdf/open—access publishing—arid—scholarly-societies.pdf.

[62] Jennifer McLennan, Kara Malenfant. SPARC-ACRL Forum to Explore PublicAccess[EB/OL]. http://www.arl.org/sparc/announce/06-1127.html.

[63] Jouranls Policies-Summary Statistics so far. http://www.remeo.eprints.org/stats.php.

[64] Keith G Jeffery. Open access: an intro duc tion. [2008-01-05]. http://www.users.ecs.soton.ac.u/harnad/Temp/ercim.pdf.

[65] Kyrillidou M. Journal costs: current trends & future scenarios for 2020. Jun; 210 [EB]. http://www.arl.org/bm doc/costs.pdf.

[66] Kyrillidou M, Young M. ARL statistics 2005-2006[EB]. http://www.arl.org/stats/pubpdf/arlstat 03.pdf, 2007-06-03.

[67] Keith G Jeffery. Open Access An Introduction. [2008-01-04]. http://www.users.ecs.soton.ac.uk/harnad/Temp/ercim.pdf.

[68] Lawrenee, Steven. Online or Invisible? [J/OL]. Nature, 200641 1(6837):521. http://www.ncci.nee.corn/lawrence/papers/online-nature01.

[69] Lieberman J, CarperTR. CochranT, et al.. The. American Center for Cures Act of 2005 [EB]. http://www.public know ledge.org/bill/109-s2104, 2008-01-16.

[70] Les Carr, Alma Swan. Repositories for Institutional Open Access: Mandated DepositPolicies[EB/OL]. http://www.eprints.ecs.soton.ac.uk/13099/02/abs77.pdf.

[71] Lowie. 有关 Open Access 的内涵和相关界定[EB/OL]. 2004-12-21. Availabl at：http：// www. xia ban blog china. com/blog/refer. 493668. html.

[72] Marie E. McVeigh. Open Access Journals in the ISI Citation Databases：Analysis of Impact Factors and Citation Patterns：A citation study from Thomson Scientific http：// www. Thomson scientific. com/media/presentrep/essays pdf/openaccesscitations2. pdf.

[73] Marshall C C. Rethinking personal digital archiving, part 1：Four challenges from the field. [2008-06-10]. http：// www. dlib. org/dlib/march08 /mar shall/03 marshall-pt1. html.

[74] Martin Frank. Comments to NIH Director Dr. Zerhouni by DC principles Signatories[EB/OL]. http：// www. library. yale. edu/llieense/List Archives/0411ms S00006. html.

[75] ME McVeigh. Open access journals in the ISI citation databases：analysis of impact factors and citation patterns：a citation study from Thomson Scientific.

[76] NIH Calls on Scientists to Speed Public Release of Research Publi cations [EB/OL]. [2008-09-27]. http：// www. nih. gov/news/pr/feb 2005/od03. html.

[77] Open DOARhttp：// www. opendoar. org/countrylist. php [2009-2-22].

[78] Open access journals in the ISI citation databases：Analysis of impact factors and citation. [2008-06-12]. http：// www. scientific. Thomson reuters. com/media/presentrep/essayspdf/openaccesscitations2. pdf.

[79] Open Science Directory〔DB/OL〕.〔2008-02-20〕http：// www. open science directory. net/.

[80] Open Archives Initiative-Protocol for Metadata Harvesting v2. 0. http：// www. Open archi ves. org/OAI/open archives protocol html.

[81] Peter Suber. Praising Progress, Preserving, Precision[J/

OL]. SPARC Open Access Newsletter, 2004 (77). http：// www. earlham. edu,peters/fos/newsletter/2009—02-04. htmlprogress.

[82] Peter Suber. SPARC Open Access News letter EB/OL. 2007-10-15. http：// www. earlham. edu/peters/fos/newsletter/01-02-06. html.

[83] Public Access for Research Materials—Fact Sheet[EB/OL]. [2007-10-10]. http：// www. dclab. com /public_access. asp.

[84] PLoS http：// www. publiclibraryofscience. org/[2009-2-23]

[85] PubMed Central. http：// www. pub med central. nih. gov/index. html[2009-2-23]

[86] Poynder R. Ten years after . Info Today, 2004, 21(9)：123-444.

[87] PubMed Central Journals-FullList [EB]. http：// www. pubmedcentral. nih. gov/fprender. fcgi? cmd = full-view, 2008-03-17.

[88] Peter Suber. SPARC Open Access Newsletter[EB/OL]. http：// www. earlham. edu/peters/fos/newsletter/01-02-06. html.

[89] Re：Elsevier 数据库为什么不能获取全文了？[EB/OL]. http：// www. mlpla. cn/vrd/admin/Trsvrd Controller? source = browse list & rootid = 855 & url = browse list. jsp, 2008-03-18.

[90] Research CouncilsUK updated position statement on access to research outputs [2006-06] [EB/OL]. http：// www. rcuk. ac. uk/cmsweb/downloads/rcuk/documents/2007statement. pdf .

[91] Research library [EB/OL]. http：// www. wiki. cn/wiki/Research library.

[92] Revised Policy on Enhancing Public Access to Archived Pub lications Resulting from NIH-Funded Research (NOT-OD-08-033) [EB]. http：// www. grants. nih. gov/grants/guide/notice files/NOT-OD-08-033. html, 2008-03-17.

[93] RCUK consultation on access to research outputs [EB/OL].

http://www.rcuk.ac.uk/research/outputs/access/2005.html,2008-01-17.

[94] Regazzi J. The shifting sands of open access publishing, a publisher's view. SerialsReview,2004,30(4):275-280.

[95] Removing the Barriers toResearch: An Introduction to Open Access for Librarians[2006-6-11]http://www earlham edu/peters/

[96] Rowlands, D. Nicholas, P. Huntington. Scholarly Communication in the Digital Environment: What do Authors Want? Findings of an International Surev of Author Opinion [R/OL]. London: City University.

[97] Roger C. Schonfeld, Kevin Guthrie(2004). What FacUlty Think of Electronic Resources Project Briefing: Spring 2004 Task Force Meeting[R/OL]. http://www.cni.org/ffms/2004a.springJabstracts/PBwhat7 guthrie.html.

[98] SPARC Europe[oL]. http://www.spareeurope.org.. [2008-02-28]

[99] SPARC. http://www.arl.org/sparc/index.html.

[100] Socol @ r [DB/OL]. [2008-01-31]. http://www.socolar.com/.

[101] Science Online. http://www.science mag.org/sub scriptions/help-register.dtl[2009-2-23]

[102] Stevan Harnad, Tim Brody. Comparing the Impact of Open Access (OA) vs. Non-OA Articles in the Same Journals. D-Lib Magazine, 2004, 6 http://www.dlib.org/dlib/june04/harnad/06harnad.html#Brody[2007-2-20]

[103] Suber P. Welcome to the SPARC Open Access Newsletter, issue #115 [EB/OL]. http://www.earlham.edu/peters/fos/news letter/11-02-07.html.

[104] Supporting Open Access. http://www.eprints.org/(访问

时间:2009/01/12).

[105] Swan A,Brown S. Open access self-archiving:an author study (May 2005) [EB]. http://eprints.ecs.soton.ac.uk/10999/1/jisc2.pdf.

[106] Swan A. Authors and Open Access:Effective ways to achieve. 图书情报工作,2005,46(12):17-25.

[107] Statistics for the 241 publishers on this listhttp://www.sherpa.ac.uk/romeo.php? stats=yes[2009-2-25].

[108] Steve Harnad. The Self-archiving Iriitiative:Freeing the Refereed Research Literature Online[J/OL]. Nature,2001(410):1024.1025. http://www.nature.com/nature/debates/openaccess/Articles! harnad.html.

[109] Sophie Rovner. Legislators Back Open Access:U.S.,U.K. Committees Want Publishers to Make Articles Available for Free. Chemical and Engineering News,2004,V01.82,No.30:1.

[110] Science AdvisOry Board(2004). Scientists Frustrated with Limited Access to Full Text Documents[EB/OL]. http://www.scienceboard.net/community/news/news.214.Html.

[111] THE DIGITAL MILLENNIUM COPYRIGHT ACT OF 1998 [2006-10-18]. http://www.copyright.gov/legislation/dmca pdf.

[112] The PLoS journals [EB]. http://www.plos.org/journals/index.php,2008-03-17.

[113] Towards an integrated knowledge ecosystem:a Canadian research strategy. [2008-01-05]. http://www.carl—abre.ea/projects/kdstudy/public htmlf chapter3.html.

[114] Universities UK. Access to Research Publications:Universities UK Position Statement. http://www.universities uk ac.uk/mediareleases/show.asp? MR=43I[2006-09-08].

[115] U.S. Global Change Research Program. Data Management for Global Change Research Policy Statements (1991). http://www.world

agroforestry. ors/sites/rsu/datamanagement/documents/Session7/Bromley Prin ciples. asp.

[116] US National Academies. Electronic scientific, technical, and medical journal publishing and its implications: report of asymposium [R]. Washington, DC: The National Academies Press, 2004.

[117] Van Orsdel L, Born K. Periodicals price survey: 2004: closing in on open access. Libr J. 2004, 129 (7): 45-50.

[118] View Signatures[EB/OL]. [2007-10-12]. http://www. sorosorg/open access/view. cfm.

[119] Walt Crawford. Cites and Insights [EB/OL]. http:// www. cities boisestate. edu/civ4i13. pdf.

[120] What is GNU EPrints. http://www. eprints. org/documentation/tech/php/intro. php(访问时间:2009/01/12).

[121] Welcome to information for authors[EB]. http://www. biomed central. com/info/authors/,2008-09-10.

[122] World Summit on the Information Society. Declaration of Principles. http://www. Rvnv. itu. int/wsis/documents/doc single-en-1161. Asp. [2006-11-06].

[123] Written IH, Bairbridge D,TansleyR, et a. l StoneD: A bridge between Greenstone and Dspace. [2008-06-12]. http://www. dlib. org/dlib/September 05 /written/09witten. html.

[124] William J, BruceH, FoxleyA, eta. l Planning personal projects and organizing personal information. [2008-06-08]. http:// eprint srclis. org/archive/00008010 /.

[125] Washington D. C. Principles For Free Access to Science-A Statement fromNot-for-Profit Publishers [EB/OL]. [2008-03-16]. http://www. dcprin ci ples. org/.

[126] Wellcome Trust. Open and unrestricted access to the out put sof published research [EB/OL]. [2008-09-27]. http://www.

wellcome. ac. uk/node 3302. html.

［127］Wells Exploring the Development of the Independent, Electronic, Scholarly Journal［D］. Unpublished Master's thesis, University of Shef field. http：//www. Panizzi. shef. ac. uICeleediss/edl0001/index. html.

［128］Wellcome Trust Report. New report reveals open access could reduce cost of scientific publishing by up to 30 per cent［R/OL］.［2006-04-20］. http：//www. wellcome. ac. uk/docwtd002874. html.

10.2 中文文献

［130］北京大学图书馆网. http：//www. lib. pku. edu. cn/portal/index. jsp.

［131］陈振英,何小军,陈益君. 开放存取在中国的困境及对策分析. 大学图书馆学报,2008(2)：35-40.

［132］陈光祚,阮建海,臧国全. 论个人数字图书馆. 中国图书馆学报，2002(3)：15-18.

［133］陈力. 开放存取"刍论. 国家图书馆学刊,2007,2(4)：20-26.

［134］陈代春,曾湘琼. 学术信息开放存取及其对高校图书馆的影响. 图书馆学研究,2006(6)：56-70.

［135］陈传夫,黄璇. 美国解决信息公共获取问题的模式. 情报科学,2007,25(1)：87-92.

［136］陈传夫. 开放内容的类型及其知识产权管理. 中国图书馆学报,2004(1)：9-13.

［137］陈传夫,黄璇. 欧盟推进信息资源公共获取的模式及其借鉴意义. 图书馆论坛,2006,26(6)：233-237.

［138］陈传夫,姚维保. 我国信息资源公共获取的差距、障碍与政府策略建议. 图书馆论坛,2004(12)：54.

［139］陈传夫. 信息资源公共获取的社会价值与国际研究动向. 中国图书馆学报,2006(4)：5-9.

[140] 陈传夫,王云娣.开放存取期刊的分布及获取策略研究.中国图书馆学报,2007(6).

[141] 陈传夫,周淑云.维系网络传播与公共利益的协调.图书情报知识,2006(2):5-9.

[142] 曾湘琼.学术信息开放存取模式运行机制与前景探析.情报科学,2006,24(2):218-221.

[143] 陈吟月.学术资源开放存取的策略研究.图书馆,2007(1):57-60.

[144] 陈兵强.电子学术文献——e-print 的特征与开发.大学图书馆学报,2003(5):40-42.

[145] 成博.开放存取运动中的高校图书馆.[2008-6-9].http://prep.istic.ac.cn/docs/1142860664428.html.

[146] 初景利.中国科研工作者对开放获取的态度.科学信息开放获取战略与政策国际研讨会会议报告。http://www.159.226.100.146/会议课件/Chu-Jingli-OA6-3.pdf.

[147] 初景利.Chinese Scientists' Attitudes Toward Open Access[EB/OL].[2008-12-01].http://openaccess.eprints.org/beijing/pdfs/Chu Jing li OA 6-3.pdf.

[148] 常廷文.试论我国学术期刊的集约式网络出版.出版科学,2005(1):47-50.

[149] 常唯.数字学术环境中的机构知识库探析.图书情报工作,2006(7):46-50.

[150] 查丽华.开放存取-开启学信息交流的快捷之门.国家图书馆学刊,2007,1:78-80.

[151] 崔海峰,洪跃.图书馆在开放存取中的对策.图书馆学刊,2006(4).

[152] 杜海洲,宋金燕.科技期刊国际市场及 2006 年期刊价格预测.中国科技期刊研究,2006,17(1):170-173.

[153] 杜海洲,宋金燕,崔淑艳.国际科技期刊价格分析及 2007

年的变化趋势.中国科技期刊研究,2007,18(1):183-187.

[154] 杜海洲,宋金燕,王天津,等.国际科技期刊市场动态及2008年期刊价格预测.中国科技期刊研究,2008,19(1):160-163.

[155] 邓聿文.打破统计信息垄断.国际金融报,2006-11-24(3).http://www.people com.cn/GB/paper 66/10714/973966.html..

[156] 费巍.数字图书馆研究的前沿阵地——D-Lib Magazine 评述.图书情报工作,2005,49(7):143-145,24.

[157] 方晨.开放获取:解困"学术期刊危机".中国教育网络,2006(9):48-50.

[158] 方翠,李荣素.开放存取期刊版权问题分析.图书馆建设,2006(5):60-62.

[159] 逄丽东.网络环境下图书馆的读者服务.科技创新导报,2007,32:255.

[160] 冯艳花.基于OAI的电子预印本资源共享.情报理论与实践.2005(4):425-427.

[161] 傅蓉.开放存取期刊的经济机制.中国图书馆学报,2006(5):32-35.

[162] 傅蓉.开放存取的质量控制.情报理论与实践,2006,29(6):694-696.

[163] 傅蓉.开放存取的版权问题.图书馆理论与实践,2006(5):40-42.

[164] 傅蓉.开放存取期刊及其影响分析.图书馆论坛,2007(4).

[165] 樊华.开放存取资源的质量分析.高校图书馆工作,2007(1):Z18-20.

[166] 何朝晖.网络学术期刊运作模式.图书情报工作,2004(5):39-43.

[167] 国家图书馆.图书馆情报学开放文库.〔2008-02-26〕.http://www.202.96.31.39/.

[168] 国内图书情报学专业期刊导航.〔2008-02-10〕.http://

210.34.4.20/society/jqli/society/magazine.html.

[169] 国务院法制办负责人就《信息网络传播权保护条例》有关问题答中国政府网记者问.[2006-10-05]http://www.gov.cn/zwhd/2006-05/29/content 294127 html.

[170] 高淑琴.图书馆学情报学开放获取资源类型划分及其现状.情报科学,2007,25(2):315-320.

[171] 高嵩,张智雄.机构仓储及其在数字图书馆服务中的应用模式研究.图书情报工作,2006(8):59-62.

[172] 宫平,杨溢.开放存取环境下我国图书馆发展路径研究.图书馆建设,2007(1):21-24.

[173] 何琳.开放存取在我国的发展问题探讨.现代情报,2007(8):63-65.

[174] 何朝晖.网络学术期刊运作模式.图书情报工作,2004(5):39-43.

[175] 华东师大数学系预印本.[2008-6-9].http://www.math.ecnu.edu.cn/preprint.

[176] 郝勇.影响我国实行"开放存取"模式的因素分析.现代情报,2006(12):2-4.

[177] 贺晶晶,刘钊.我国开放存取政策探讨.高校图书馆工作,2007(1):14-17,43.

[178] 黄颖,刘万国.ISI数据库收录的开放存取期刊现状分析.图书馆学研究,2009(3):37-40.

[179] 黄凯文,刘芳.网络科学信息资源"公开获取运动"的模式与方法.大学图书馆学报,2005(2):38-41,3.

[180] 黄凯文,刘芳,曾强.科学信息"开放获取"资源的开发与利用.情报杂志,2006(8):114-116.

[181] 黄凯文.走进学术机构仓储.数字图书馆论坛,2006(11):60-64.

[182] 黄如花,肖艳琴.IFLA对信息资源开放存取的贡献及对我

们的启示[C]//2006 信息技术与教育国际研讨(ITIE2006)会议论文集,2006:59-69.

[183]黄如花,冯晴.论学科库的建设.图书馆论坛,2007(6):31-136.

[184]胡德华,尹加帮,陶雯.发展中国家的开放存取期刊研究.情报杂志,2007(2):140-142.

[185]胡启恒.开放获取是科学家的责任.[2008-12-06]. http://theory.people.com.cn/BIG5/49157/49165/3912796.html.

[186]江小云,谭芳兰.开放存取环境下图书馆外刊资源建设.江西图书馆学刊,2008(2):27-29.

[187]姜联合.创办OA期刊,实现《植物生态学报》的跨越发展.中国科技期刊研究,2006(1):90-94.

[188]姜瑞其.国外机构库发展概况.图书情报工作,2005(11):142-145,149.

[189]靳东旺.开放存取环境下高校图书馆期刊资源建设的思考.2008(8):50-51.

[190]蒋树勇.从开放存取的新经济模式看图书馆的核心价值.新世纪图书馆,2007(5):8-10.

[191]教育资料与图书馆学.〔2008-02-24〕. http://re-search.dils.tku.edu.tw/joemls/.

[192]贾冬梅.开放存取资源的获取策略.情报探索,2008(4).

[193]科学信息开放获取战略与政策国际研讨会在京召开.现代图书情报技术,2005(8):93-94. http://www.qiji.cn/scinews/detailed/17.html.

[194]开放阅读期刊联盟.〔2008-02-28〕. http://www.oajs.org/.

[195]开放获取2007年进展.[2009-8-25]. http://www.oalib.com/html/xwdt/guowai/5777.html.

[196]孔繁军,游苏宁.关于开放存取出版模式的问卷调查.中国科技期刊研究,2005(5):16.

[197] 康慨.Open Access来势汹汹,科技期刊巨头纷纷抗辩.〔2007-10-23〕.http://www.gmw.cn/01ds/2004-03/10/content 4698.html.

[198] 刘畅,肖希明.开放存取期刊与图书馆信息资源建设.高校图书馆工作,2007(6):5-8.

[199] 刘华.国外机构知识库的长期保存研究及其启示.情报资料工作,2007(3):49-52.

[200] 刘海霞,李后卿,胡德华,刘双阳.国内外开放存取研究.情报资料工作,2006(1):30-33.

[201] 刘海霞,孙振球,胡德华,刘双阳.开放存取期刊质量的双边市场模型研究.情报杂志,2007(6):118-121.

[202] 刘海霞,孙振球,胡德华,刘双阳.开放存取期刊的经济学分析.情报理论与实践,2007(1):48-51.

[203] 刘海霞,方平,胡德华.开放存取期刊的质量评价研究.图书馆杂志,2006(6)

[204] 刘海霞,李后卿等.国内外开放存取研究.情报资料工作,2006(1).

[205] 刘廷元,任皓,赖启正.学术信息的开放存取模式.图书馆杂志,2005,24(3):12-15.

[206] 刘辉.开放获取期刊数据库的评价.大学图书馆学报,2007(1):59-63.

[207] 刘建华,黄水清.国内用户对开放获取的认同度研究——以高校调查分析为例.中国图书馆学报,2007(2):103-107.

[208] 刘春田主编.知识产权法.北京:高等教育出版社,2000.

[209] 刘金铭.开放式访问期刊的创建及其对传统期刊的影响.中国科技期刊研究.2005(3):279-284.

[210] 林敏.试论开放存取对图书馆的影响和对策.图书情报工作,2005,49(12):130-132,136.

[211] 李武,刘兹恒.一种全新的学术出版模式:开放存取出版模

式探析.中国图书馆学报,2004(6):66-69.

[212] 李武.中华医学会系列杂志对开放存取的认知和态度调查研究.[2008-02-20].http://www.you.xmulib.org.

[213] 李武.开放存取出版的两种主要实现途径.大学图书馆学报,2005(4):58-63.

[214] 李武,杨屹东.开放存取期刊发展的现状及其影响分析.图书情报工作,2006(2):25-30.

[215] 李武.开放存取期刊.出版经济,2005(1):55-57.

[216] 李武.有必要规范 Open Access 的中文翻译.http:Hopenaccess.blogchina.com/blog/62239.html.2005.1.26.

[217] 李麟,初景利.开放存取出版模式及发展策略.中国科技期刊研究,2006,17(3):341-347.

[218] 李麟,初景利.开放获取出版模式研究.图书馆论坛,2005,25(6):88-93.

[219] 李麟.世界主要资助机构开放获取政策中的十点教训[EB/OL].[2008-12-06].http://www.las.ac.cn/las/research/doc/oa/11.pdf.

[220] 李麟.2005年全球开放存取事业回顾.数字图书馆论坛,2006(7):50.

[221] 李春旺.网络环境下学术信息的开放存取.中国图书馆学报,2005(1):33-37.

[222] 李春明.图书馆与开放存取资源之长期保存.图书馆建设,2007(4):52-55.

[223] 李广建.IR:现状、体系结构与发展趋势.情报学报,2006,25(2):236-241.

[224] 李映兵.开放存取的思索—高校图书馆面临的挑战及应对策略.情报杂志,2006(4):127-128.

[225] 李爱国,陆美.学术图书馆机构知识库的创建.图书情报工作,2006(6):119-121,140

[226] 李宇,张秋.开放式信息资源MITOCW的本地化.图书情报工作,2006(5):49-52.

[227] 李莉.开放存取与图书馆.现代情报,2006,(7).

[228] 李国新.中国图书馆法治若干问题研究(博士学位 论文).北京:北京大学,2005,5.

[229] 吕世辰.预印本系统:国际学术交流的重要平台.情报学报,2004(5):547-552.

[230] 莫京.关于Open Access译名的建议.科学术语研究,2005(2):52-53.

[231] 马景娣.图书情报学电子期刊及其学术影响分析.中国图书馆学报,2005(1):82-89.

[232] 马景娣.Open Access中文译名探讨.图书馆杂志,2006(10):34-36.

[233] 马景娣.开放访问运动中大学图书馆的定位和作用.图书馆建设,2005(4):91-93.

[234] 马景娣.学术文献开放访问和图书馆的应对策略.中国图书馆学报,2005(4):38-41.

[235] 马景娣.ISI引文数据库收录的开放存取期刊.中国科技期刊研究,2005(5):623-627.

[236] 马爱芳.我国印刷型科技核心期刊开放访问现状分析.编辑学报,2007(4):131.

[237] 马漫江.机构知识库:学术交流与资源共享新模式.高校图书馆工作,2007,27(1):10-13.

[238] 马爱芳,王宝英.我国开放存取发展现状及其应对策略.现代情报,2007(1):11-13.

[239] 马玉华.网络环境下加强高校图书馆读者信息服务.科技创新导报,2007,32:253.

[240] 毛庆祯(2002).电子学术出版品的自由化[OL]. http://www.1ins.fju.edu.tw/mao/works/fiacademic.html.

[241] 年心博客.图书馆情报学开放文库试用.〔2008-02-26〕. http://hjn66.bokee.com/5745741.html.

[242] 奇迹文库.[2008-06-09].http://www.qiji cn/eprint/.

[243] 清华大学图书馆.http://www.lib.tsinghua.edu.cn/.

[244] 秦珂.数字图书馆版权保护导论.北京:气象出版社,2005.

[245] 秦珂.开放存取出版的若干问题及发展对策分析.出版科学,2006(3):28-32.

[246] 秦珂.开放存取期刊的出版模式透视.编辑之友,2006(3):5-61.

[247] 秦珂.试论开放存取资源的版权保护.大学图书馆学报,2006(5):59-62,99.

[248] 秦珂,开放存取版权管理的特点分析.情报理论与实践,2006,29(4):409-412,512..

[249] 秦珂.开放存取期刊的资源体系及其发展问题探微.河北科技图苑.2006,19(5):31-33.

[250] 乔冬梅.电子预印本档案——一种重要的网络信息资源.图书情报工作,2003(8):53-57.

[251] 乔冬梅.预印本文库(e-print archive)建设与应用——开放存取运动典型策略研究.北京:北京图书馆出版社,2006 2http://www.210.38.128.65:81/data base/free/SCI-kf html.[2008-6-9].

[252] 乔冬梅.国外学术交流开放存取发展综述.图书情报工作,2004(11):74-78.

[253] 邱燕燕.学术资源开放存取的障碍和对策探析.情报杂志,2006(7):45-48.

[254] 邱燕燕.开放存取资源的组织和揭示.图书馆杂志,2006(6):20-22.

[255] 钱国富,林丽.开放期刊(Open Journals)及其影响研究.图书与情报,2005(1):38-41.

[256] 任树怀,孙桂春.信息共享空间在美国大学图书馆的发展

与启示.大学图书馆学报,2006(3).

[257] 任真.开放获取环境下的图书馆.大学图书馆学报,2005(5):44-47.

[258] 任真,李博.新一代期刊——开放存取期刊.中国科技期刊研究,2005(5):614-616.

[259] 任胜利.开放获取(Open Access):现状与展望.中国科技期刊研究,2005,16(2):151-154.

[260] 沈坤,黄水清.现阶段国内用户对OA资源认同度的调查与分析.情报理论与实践,2008(2):255.

[261] 沈美萍.与医学、生命科学相关的开放获取期刊的网站介绍.医学信息学杂志,2007(2):144-145.

[262] 盛慧,余克萍.我国开放存取的发展现状及应对策略.情报探索,2008(6):6-8.

[263] 苏建华.机构库给高校图书馆带来的发展机遇.情报理论与实践,2007,30(4):499-501.

[264] 孙卫.开放存取资源发现与获取的相关技术.国家图书馆学刊,2007(2):39-42.

[265] 孙红娣.论开放存取中的数字资源长期保存问题.图书馆学研究,2005(11):15-18.

[266] 孙红娣.开放存取——网络时代学术信息交流的新模式.情报资料工作,2005(5):46-49.

[267] 宋天华,李春海.开放资源环境下高校图书馆发展探讨.图书馆研究与工作,2008(3):16-18.

[268] 司莉.知识组织系统的互操作及其实现.现代图书情报技术.2007(3).

[269] 图书情报工作动态.〔2008-02-28〕.http://www.qiantu.org/liblog/archives/tuijiantushuqingbaogongzuodongtai.html.

[270] 唐华旺.信息交流方式——电子预印本介绍.情报资料工作,2005(4):31-33.

[271] 唐承秀.数字图书馆环境下的学术信息交流模式探析.图书馆工作与研究,2005(5):24-28.

[272] 谭从容.计算机类OA期刊搜集与分析.现代情报,2006(10):158-160.

[273] 谭从容.艺术类OA期刊搜集与分析.农业图书情报学刊,2007,19(1):49-52.

[274] 吴建忠.图书馆Vs机构库——图书馆发展战略的再思考.中国图书馆学报,2004(5):5-8.

[275] 吴建忠.开放存取环境下的信息共享空间.国家图书馆学刊,2005(3):7-10.

[276] 吴慰慈.网络环境下图书馆资源观.新世纪图书馆,2008(1):6-7.

[277] 吴漂生,邹佑云.于开放存取资源利用调查及图书馆应对策略.大学图书情报学刊,2007(10).

[278] 魏来,孟连生.印度的信息资源开放获取活动及启示.图书馆杂志,2006,25(9):61-63.

[279] 王燕.简论OA(Open Access)期刊与资源共享.江西图书馆学刊,2006,36(1):53-54.

[280] 王静,阎雅娜,权金华.国外开放存取发展现状浅析.情报探索,2006(4).

[281] 王应宽,王锦贵.基于赢利模式的开放存取期刊出版:BimedCentral案例研究.中国科技期刊研究。2006(3):354-359.

[282] 王应宽.中国科技学术期刊的开放存取出版研究(博士学位论文).北京:北京大学信息管理系,2006.

[283] 王云才.国内外"开放存取"研究综述.图书情报知识,2005(6).

[284] 王国庆.OA期刊——学术出版领域的巨流.现代情报,2003(10):94-95.

[285] 王静芬.试析Open Access对大学图书馆的影响.图书馆论坛,2006(3):84-86,109.

[286] 王广宇,吴锦辉.期刊的经费支持问题——借鉴 TV 广告运行模式的探讨.图书情报工作,2006,50(10):114-117.

[287] 王云娣.网络开放存取的学术资源及其获取策略研究.中国图书馆学报,2006(2):76-78.

[288] 王云娣.网络开放存取论文获取策略研究.现代情报,2006(6):67-70.

[289] 王学勤.机构知识库建设相关政策研究.中国图书馆学报,2007,33(3):44-47.

[290] 王志庚,汪东波.开放存取资源的管理与服务.国家图书馆学刊,2007(2):27-32.

[291] 王国.开放资源项目选介.数字图书馆论坛,2006(4):60-62.

[292] 万人状告'中国知网'非法占有作者著作权牟取暴利签名活动.[2008-12-01].http://www.tieba.baidu.com/fkz=506853916.

[293] 香港科技大学科研成果全文仓储.[2008-6-9].http://www.repository.ust.hk/dspace/.

[294] 徐丽芳,肖希明.开放存取及其研究进展.武汉大学出版社,2007.

[295] 徐刘靖编译.促进人文科学的 Open Access.数字图书馆论坛,2005(3):43-45.

[296] 肖冬梅.版权的争取、让渡与公众信息权利保障.中国图书馆学报,2006(4):91-94.

[297] 肖冬梅.开放存取运动缘何蓬勃兴起.图书情报工作,2006,50(5):128-131.

[298] 肖珑,姚晓霞.我国图书馆电子资源集团采购模式研究.中国图书馆学报,2004,30(5):31-34..

[299] 夏翠军.开放存取出版产生根源.中国科技期刊研究,2006(4):546-548.

[300] 夏翠军.开放存取出版的发展背景.现代情报,2005(12):64-66.

[301] 夏有根,黄晓英.开放存取与图书馆应对策略.农业图书馆情报学刊,2007,19(2):108-115.

[302] 叶兰.开放资源项目选介.数字图书馆论坛,2006(4):60-62.

[303] 叶继元,张点宇.国外期刊价格现状及走向.大学图书馆学报,2000(2):15-22.

[304] 于良芝.世界学术期刊变迁中的知识交流权分析.情报资料工作,2005(2):21-25.

[305] 杨帆,詹德优.开放存取及其实现方式分析.图书馆论坛,2006,26(1):186-189.

[306] 杨毅,周迪,刘玉兰.集团采购——购买电子资源的有效方式.大学图书馆学报,2004,22(3):6-9.

[307] 易治宏.基于OA的学术期刊出版模式研究.情报科学,2006,24(7):1030-1033,1094.

[308] 应峻,谷口规矩雄.日本大学图书馆期刊价格上涨的对策研究.大学图书馆学报,2005(5):86.

[309] 袁顺波,董文鸳,李宾.西方机构库研究的现状及启示.图书馆杂志,2006(8):4-8.

[310] 袁理.科学信息开放获取推进科学社会进步——"科学信息开放获取 战略与政策国际研讨会".数字图书馆论坛,2005(8):54-57.

[311] 游春山.信息资源开放存取和图书馆工作.图书馆工作与研究,2006(4):33-35.

[312] 袁红梅,乔冬梅.开放存取:英国FAIR计划的实践与启示.图书情报知识,2007(4):92-96.

[313] 袁顺波,董文鸳,李宾.西方机构库研究的现状及启示.图书馆杂志,2006(8).

[314] 于爱群.印度开放存取现状分析.图书馆学研究,2006(12):59-62.

[315] 中华人民共和国著作权法[EB/OL].[2008-12-01]. http://www.angelaw.com/weblaw/cweblaw39.html.

[316] 中国教图公司.[2008-6-9]. http://www.socolar.com/.

[317] 中国预印本服务系统.[2008-06-09]. http://www.paper.edu.cn/.

[318] 中国科技论文在线.[2008-06-09]. http://www.paper.edu.cn/.

[319] 中国大学图书馆长论坛图书馆合作与资源共享武汉宣言.大学图书馆学报,2005(6):2-4.

[320] 中国发布促进科学数据共享的计划. http://www.br.gov.cn/index-show.asp?id=29208,2007-08-11.

[321] 中国期刊全文数据库.[2008-05-13]. http://www.enki.net.index.html.

[322] 浙江大学图书馆 SSOA 期刊〔DB/OL〕.〔2008-01-18〕. http://www.lib web.zju.cn/JavaLab/guestbook/oaj.jsp.

[323] 浙江大学数学科学研究中心预印本.[2008-06-09]. http://www.cms.zju.edu.cn/index.Asp Column Name journals.

[324] 中国科学院、国家自然科学基金委员会在京签署《柏林宣言》.中国科学基金,2004(4):204.

[325] 朱宁.基于 OA 模式的前提条件和实现方式.情报理论与实践,2006,29(6):750-754.

[326] 朱苏.美国 2002 年期刊价格指数.中国科技期刊研究,2003(4):459-460.

[327] 朱天慧.电子预印本的现在和未来.现代图书情报技术(增刊),2000:67-68.

[328] 周冬飞.开放存取作品版权问题的经济学研究.现代情报,2007(8):13-15.

[329] 郑垦荒.开放存取面临的主要问题及图书馆的应对策略.情报理论与实践,2006,29(3):311-313.

[330] 郑晓雯.开放存取对图书馆资源建设的影响.江西图书馆学刊,2007(1):22-23.

[331] 赵润娣.国内高校图书馆对开放存取资源开发利用情况调查研究.图书馆学研究,2008(4):31-34.

[332] 赵光林.网上电子预印本文献资源.中国研究生,2004(10):18-21.

[333] 张晓林.科技信息的开放获取:图书情报工作,2005(12):5.

[334] 张晓林.专题:科技信息的开放存取(一).图书情报工作,2005(12):5.

[335] 张志洁.电子预印本的特点与检索功能评价.图书馆建设,2000(2):29-31.

[336] 张秋.MITocw:开放与共享的典范.图书馆杂志,2005(9):59-60.

[337] 张冲编译.艺术品数字图书馆宣布其数字图像资源的可用性邀请亚洲国家共同合作.数字图书馆论坛,2005(3):47-48.

[338] 张红芹,黄水清."开放获取"在国内的应用策略初探.图书馆理论与实践,2007(2):57-59.

[339] 张清菊.学术资源开放存取概述.当代图书馆,2007,90(2):68-71.

[340] 张铮,李蓓.元数据家族中的新成员MODS和METS.医学信息,2005,18(7):743-745.

[341] 张丽,国内预印本系统比较研究.中国图书馆学报,2006(4):83-86.

[342] 张怀涛,秦珂.开放存取期刊和商品化电子期刊版权管理特点比较.图书情报工作,2006,50(12):95-97.

[343] 张淼.OA环境下学术图书馆发展研究.河北大学硕士学位论文,2006.

[344] 翟建雄.信息开放存取中的版权问题及图书馆的对策.法律文献信息与研究,2006(4):1-28.

[345] 蔺梦华.基于 OA 的开放仓储库.情报资料工作,2005(6):61-63.

[346] 宛福成.开放获取运动、政策与服务综述.情报科学,2006,24(11):1746-1751.

[347]《自然》剖析 PLoS 期刊经营之道[EB/OL]. http://www.science net.cn/html.news/2008/7/208681.html.

[348] 藏国全.网络电子期刊出版模式研究.中国图书馆学报,2003(1).

[349] 王宁.Web 信息检索技术改进的途径与方法.情报资料工作,2004(3).

[350] 王宁.浅析潜在语义分析的原理及其应用.新世纪图书馆,2007(5):66-68.

[351] 王宁.论构建高校知识供应链.合肥学院学报,2011(1):55-57.

[352] 王宁.云计算环境下图书馆信息资源共建共享.图书馆学刊,2012(12):53-55.

[353] 王宁.依托云计算提升高校图书馆数字化、低碳化服务层次.图书馆,2012(7).